はじめに

学生時代は見られることが嫌いだった

僕は人に見られることに対して、異常な執着があります。そして、人の目に映っていることを常に意識し、すべての行動を起こす人間です。

僕は流行の発信地、東京・原宿で美容師をして10年。今もたくさんのお客様に愛していただいています。時に「カリスマ」、時に「売れっ子」と言われるような美容師になれたわけですが、30年間生きてきた軌跡を辿《たど》ってみると、「おかしなもんだな」と他人事《ひとごと》のように思ってしまいます。

僕は小学生の頃からトゥレット症（チック症）を発症し、人前で5秒に1回ほど「ホッ！　チェッ！」と奇声をあげたり、汚言症で人前で言ってはいけない言葉を発してしまう毎日でした。授業中は「うるさいな」と注意され、電車ではチラチラ見られ、好きな子には「何それ、キモい」と言われました。どこに行っても「変な目で見られる」気がして堪《たま》らなく、人に見られることが最高に嫌いでした。そのためか、家の中でインターネット掲示板を眺めるのが一番の趣味でした。

放課後から深夜までパソコンの画面と共に暮らしており、人に見られない生き方を選び、人の目にさらされることを避けていたのです。まさか10年後、対面でお客様の髪の毛を切り、「身だしなみを整えて、人生を変えましょう」と発信をしているなんて想像もできませんでした。

13歳だった僕はインターネット掲示板でたまたま「ピーコスレ」と出会い、ファッションとヘアの虜《とりこ》になりました。お気に入りのコーデやヘアスタイルを見つけては鏡の前に立って写真に撮り、ファッションカテゴリ内にあったそのスレッドに投稿します。すると、匿名「ピーコさん」たちがファッションチェックを辛口でしてくれるのです。


「靴下の合わせ方がダサい」

「そのヘアスタイルはもう切りどきだね」

こんな毒舌ながら的確なアドバイスを数十件もらえます。お気に入りのものにもボロカスに言われたりして、「え、これめちゃくちゃ自信あったのにな……」と凹みながらも、「なにクソ！」と投稿を続けていました。

インターネットでは奇声は発しないですし、みんな1人の学生として評価してくれます。リアルでは人に見られることが嫌いでしたが、インターネット上では人に自分のコーディネートを見せることが楽しくなったのです。

ファッションだけに留まらず、ワックスを買ってヘアスタイルをアップロードすると、美容師からのコメントがもらえたりと、インターネットを通じてさまざまな価値観を身近に感じることができました。

意識すればするほど「心の持ちよう」も変わる

そんな仲間と「オフ会」をするチャンスがあったのですが、僕は参加するか躊《ちゅう》躇《ちょ》していました。リアルな場に行けば、また奇声を発して「変な目で見られて」しまう。ですが、「ここで人生を変えたい」と決意し、原宿に15人ほどで集まるファッションオフ会に参加したのです。

その日は楽しすぎて不安だったことも忘れ、心なしか空も高く、風も気持ちよく感じました。それ以上に、帰宅してから驚いたのですが、なんとその日はいつもの症状が出なかったのです。嬉しくてたまりませんでした。いつもヘアとファッションで自分を装い、思い描いていた「理想の自分像」をインターネット上で演じていたのがそのままリアルになったのか、奇声が出なかったのです。

「こうなりたい」と思って創造した見ために、心は追従してきてくれる。そう思ったとき、「見ためと心はつながっている」と確信しました。

そのオフ会でコツをつかみ、僕のトゥレット症は徐々になくなっていきました。その出来事がきっかけとなり、見ためを磨いて自分に自信をつけることを信じ、没頭した僕は美容師を目指します。中学校・高校と受験をし、長年塾に月謝を払ってくれた親には申し訳なかったのですが、決めたらまっすぐ。反対意見すら聞かず美容専門学校に進学しました。

今では美容師となり、お客様の髪の毛をカットする毎日ですが、切るたびにお客様の表情が変わっていくことを実感しています。

「髪型を変えたら、プレゼンがうまくいった」
「見ためを意識してイメチェンしたら、女性と話せるようになった」

そんな言葉を聞くたびに、やはり「見ためと心はつながっている」と再確認します。

見ためを変えるとは清潔感を意識すること

いつの間にか僕も皆さんも大人になりました。大人の皆さんに対して、「僕の経験をもっと活かせることは何か」「仕事に没頭する大人男子へ、僕がお手伝いできることは何か」と近頃ずっと考えていました。美容師として髪の毛を切る以外にも、何かできることがあるんじゃないか。そして、その答えがやっと明確化してきました。

「すべての大人男子の清潔感をつくるお手伝いをすること」

大人男子の身だしなみにとって、清潔感は最重要事項の1つです。清潔感を身につけることは自分の気持ちも晴れやかにし、周りの人も気持ちよくさせてくれます。

そして何を隠そう、「見られること」を意識し続けた僕は、大人になってからは「清潔感」に一番力を注いできました。

年齢を重ねるにつれて「見ため」を気にする人が減り、それに伴って「清潔感」までも気にしない人が増えていると感じます。けれど、大人になったからこそ、「清潔感」を意識した見ために変えることが重要です。

それは清潔感がビジネスにもよい作用をしてくれるからです。

仕事を例にしてみると、「自己肯定感を上げる」→「その状態で仕事をする」→「お客様や同僚と会う」→「よいコミュニケーションが生まれる」というのがよいサイクルの1つだと思います。この一連の流れをつくり出す入り口に、「清潔感のある見ため」が必要です。

本書では、大人男子の最重要事項である「清潔感」をテーマに、「スキンケア」「メンズメイク」「ヘアスタイル」「ファッション」のポイントを紹介します。

ヘアスタイルやファッションは多くの男性に馴染《なじ》みがあると思いますが、スキンケアやメイクと聞いて「女性がやるものでしょう？」と考える人は多いでしょう。けれど、今では男性も、女性と同じようにスキンケアを行い、ひいてはメイクをすることが重要になってきます。それはなぜか？　きっと本書を読めば納得していただけると考えます。

では早速、自分が変われた経験を持ち、そして何人もの人の変わるきっかけをつくってきた僕だからこそ伝えられる「大人男子の身だしなみ」の楽しみ方を、この本を通じて皆さんにお伝えしていきたいと思います。

「身だしなみ」を整えれば、人生は変わる。本書を読みながら、あなたの新しい扉を少しずつ開いていきましょう。

目次

はじめに 002

Chapter 1
大人男子の身だしなみは「清潔感」で決まる
なぜ何げない身だしなみツイートが大反響したのか 020
大人になると「見ため」をあきらめる最大の理由 023
マンネリは現状維持ではなく後退である 026
身だしなみにセンスもカッコよさもいらない 029
自分が「商品」になる時代に一番やるべきこと 031
男が鏡を見てもナルシストではない 034
「老いか、渋みか」は自分の捉え方で変わる 036

Chapter 2
誰からも愛される「身だしなみ」チェック

女性の率直な意見に耳を傾けてみよう 038
女性が気になる男性の不潔ポイント 039

男性の不潔で気になる点①「臭い」

1 汗・体臭
朝シャン、または汗拭きシートで 040
勤務中も汗をかいたら放置しない 041

2 服の臭い
乾燥機付き洗濯機で手間がぐっと減る 043
スチームアイロンで簡単シワ伸ばし 045

3 口臭
歯間ブラシを使わないと歯垢は除去できない 046

男性の不潔で気になる点②「毛の処理」

ボディトリマーでムダ毛の8割は解決 048
ヒゲは生やしても生やさなくてもケアが大事 050
案外みんなやっている「アンダーヘアの処理」 053

男性の不潔で気になる点③「爪」

「適当に切ればいい」をやめてみる 056
「切るだけ」からさらにレベルを上げる 060

男性の不潔で気になる点④「足もと」

ボロボロですり減った靴は履かないように 064
手入れを定期的に、毎日は履かない 066
ダサい靴下はやっぱり恥ずかしい 067
「靴を脱いでも誇れる状態」になっているか 068

男性の不潔で気になる点⑤「肌」

唇が乾燥してビロビロの状態 070
顔に粉が吹いていたり、ギトギトの状態 073

Chapter 3 アラサーから始める正しい「スキンケア」

将来7割の男性がスキンケアを取り入れる …… 078
スキンケアはそんなに難しいものじゃない …… 079
革靴を磨くように自分のケアをすること …… 080
そもそもなぜ肌トラブルは起きるのか …… 081
初心者がまず集めるべきスキンケアアイテム …… 084
スキンケア選びは「肌質」を知ることから始まる …… 089
ニキビ予防には「ピーリング効果」を使え …… 094
毛穴の黒ずみをケアするとっておきの方法 …… 096
疲れ顔の原因・クマを徹底的に予防する …… 098
アラサーはスキンケアの意識を変えるべきか …… 099
ズボラな人のための救世主「オールインワン」 …… 102

スキンケアのモーニング・ルーティン 104
日焼け止めの目安は「SPF30」「PA++」 109
日焼け予防としてサングラスをかけよう 111
スキンケアのナイト・ルーティン 112
意外と知られていない「洗顔の鉄則」 117
スキンケアのための僕の「5ルーティン」 124

Chapter 4

見ためのマイナスを補正する自然派「メンズメイク」

メンズメイクはスキンケアの延長線上 130
見ための衰えを修正するメイクの新しい価値観 132
初対面での印象を高める「BBクリーム」 133
第一印象の見栄えを変える「アイブロウペンシル」 136
シミ・ニキビ・クマ・青ヒゲに効果的「コンシーラー」 142

イケメン風をつくり出す「シェーディング」……146
メンズメイクのメリット・デメリットをシェアしよう……148

Chapter 5

20代からの「ヘアスタイル」をアップデートせよ

ヘアは男性が最初に取り入れていた美容……158
実は自分の顔に似合わない髪型なんてない……159
20代の頃と同じヘアスタイルになっていないか……160
最高のヘアスタイルを手に入れる「3ステップ」……162
ステップ1：ロールモデルを設定する……162
ステップ2：ヘアスタイルの名前を知る……168
ステップ3：自分でスタイリングをする……172
大人男子におすすめのヘアスタイル4選……173
ビジネスマンは全員、前髪を上げるべき……178

クーポンで美容室に行くのはおすすめしない 182
女性のおすすめ美容師は女性にしかマッチしない 184
自分だけの最適な美容室を見つける方法 185
知って得する「オーダー時のチェックポイント」 187
髪の毛は「乾かしてから寝る」が当たり前 194
美容師だけが知っているシャンプーの鉄則 196
ヘアスタイルを意識すれば人生は変わる 199

Chapter 6 清潔感が高まる「ファッション」の選び方

ファッションは「人のため80%、自分のため20%」 202
ファッションで伝えたいことは年齢で変わる 203
「見ため」で勝つためのファッションの鉄則 207
①自分だけのベストサイズを知る 208

② 勝負アイテムと安価アイテムを使い分ける …… 213
③ ラフすぎない・カジュアルすぎない …… 217
④ 自分だけのスタイリストを見つける …… 219
⑤ ロールモデルを設定する …… 220
「白シャツ」を着るだけで清潔感がアップする …… 222
手軽にキッチリ感を演出できる「タックイン」 …… 223
コンプレックスはファッションでカバーできる …… 224
どんなお気に入りバッグでも長年は使わない …… 225
洗濯で知っておきたいメンテナンスのいろは …… 226
清潔感を保つ「洗わないメンテナンス」 …… 231
着回しコーデ4スタイル …… 234
おわりに …… 238

ブックデザイン	横山 曜（細山田デザイン事務所）
イラストレーター	Yunosuke
フォトグラファー	木村文平
モデル	加藤康貴
スキンケア監修	神林由香（メンズクララクリニック院長）
編集	金子拓也

Chapter 1

大人男子の身だしなみは「清潔感」で決まる

なぜ何げない身だしなみツイートが大反響したのか

2年前、まだ何の影響力もなかった僕は1つのツイートをしました。そのとき、今まで経験したことのない数の通知音が鳴り、その日から「身だしなみ」の発信者となったのです。そのときのツイートがこちらです。図1

僕がここで紹介したのは、男性用のファンデーションを塗っている動画と、そのファンデーションについて書いた文章でした。今は女性は化粧をするのが当たり前になっていますが、男性に目を向けてみると身だしなみに気をつけている人は少ないと思います。身だしなみは女性だけが気をつけるものなのだろうか。男性も気をつけたほうがよいのではないか。そんな思いを込めてこのツイートをしました。

メンズメイクと言うと、若い男の子がやっている「韓国アイドル風メイク」のような派手なものを想像するかと思いますが、僕が考えているものはまったく違います。

昔から「不潔なオジさん上司は煙たがられる」と言われていますが、自分がそ

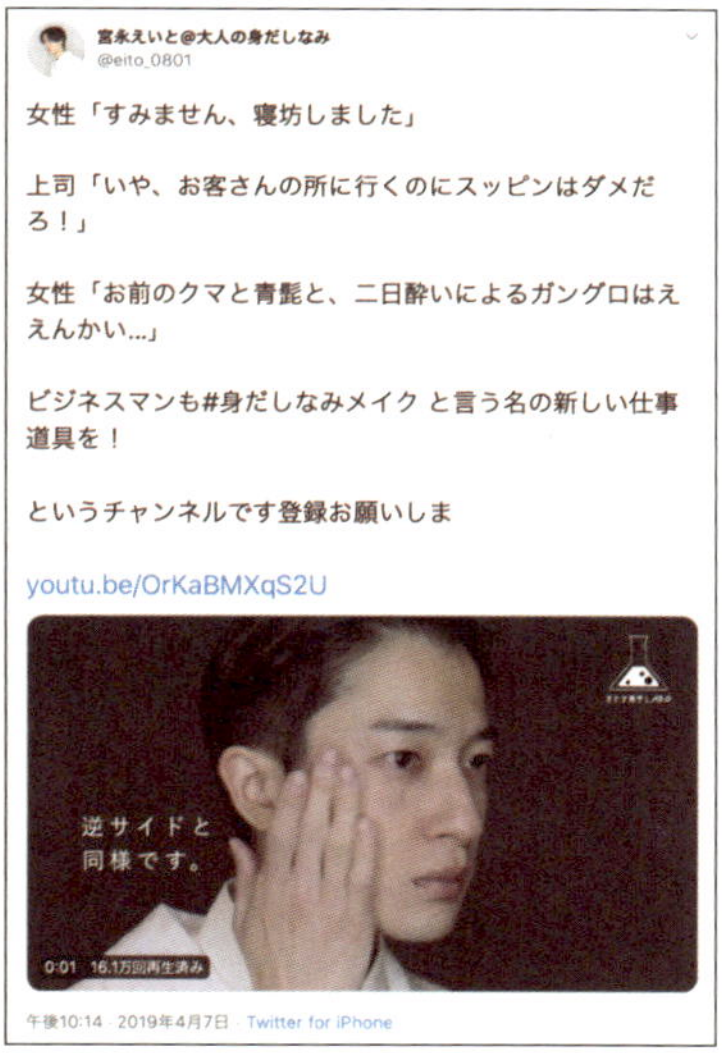
宮永えいと@大人の身だしなみ
@eito_0801

女性「すみません、寝坊しました」

上司「いや、お客さんの所に行くのにスッピンはダメだろ！」

女性「お前のクマと青髭と、二日酔いによるガングロはええんかい…」

ビジネスマンも#身だしなみメイク と言う名の新しい仕事道具を！

というチャンネルです登録お願いしま

youtu.be/OrKaBMXqS2U

午後10:14 · 2019年4月7日 · Twitter for iPhone

図1

うならないためにも、年をとるにつれて現れるクマを隠したり、くすんできた肌を補正したりすることが大切です。そうした身だしなみの一環として「自分のマイナスポイントを修正する身だしなみのメイクをしませんか？」というのが僕の提案する身だしなみです。

この発信をして多くの反応が得られたとき、「ビジネスパーソンはこうあるべきなんだ」と確信を持つことができました。というのも、女性からの共感リツイートがほとんどで、ほぼ100％肯定的な意見だったからです。「男のくせに……」というアンチコメントにどう対処していこうかと考えていたので、まさかの展開に驚いたのを覚えています。

さらに発信を続けていくと、スキンケアやムダ毛処理などのコンテンツに、主婦の方から多くのコメントやメッセージをいただきました。

「今すぐ旦那に教えたいと思います」

「紹介していたものを一式、旦那にプレゼントしたら早速やり始めてくれました！」

そんなメッセージに幸せな気分になったものの、実はこういった内容は「意外」

だったというのが正直なところです。

結婚して長い時間が経ち、「いや〜、うちの旦那なんて」と外では言っていても、奥様はずっと「旦那にカッコよくいてほしい」と思い続けているんだ、と自分も背筋が伸びました。

この2つの要素を見ると、仕事とプライベートのどちらにとっても身だしなみを整えることは大事であり、「清潔感があること」は大人男子の身だしなみのファーストステップと言えるのではないでしょうか。

第1章では僕が考える身だしなみについて、そして目指すべき方向性を考えてみたいと思います。

大人になると「見ため」をあきらめる最大の理由

皆さんは今、何歳くらいでしょうか。

アラサー世代から、50代以降の方もいらっしゃるかと思います。

そこで質問ですが、まだ20代前半で大学生前後だったとき、ファッションやヘアスタイルなど「見ため」を少しでも気にしていましたか？

おそらく、ほとんどの人が首を縦に振るでしょう。特に、東京の大学に通っていた男性では限りなく多いのではないでしょうか。

見ためを気にする原動力の多くは「モテたいから」「就職活動のため」だと感じます。恥ずかしながら、僕も学生時代に何か行動を起こすきっかけは、ほぼ「モテたいから」でした。インターネット掲示板をやっていたときでさえ、あわよくば「見ためを磨いてモテたい」と思っていたはずです。スポーツやバンド、読書やインテリア、もちろんファッションや髪型も、きっかけはみんなそうでした。

そして、就活のときに初めて清潔感を意識するようになりました。

学生はサークルや飲み会など新しいコミュニティに参加することが多く、「自分がどう見られているのか」を考えるよいきっかけになっていたと思います。

「印象をよくして女の子にモテたい」

「彼女がほしい」

「マッチングアプリ用にカッコいい写真を撮らなきゃ」


意図的にというよりは本能的にだったと思いますが、明確な目的（モテたい）のために服装や髪型をよくして「武器」をつくっていました。

さらに、就活時は短く切り揃えたヘアは当たり前。真新しいリクルートスーツと、アイロンをかけたパリッとしたシャツに腕を通し、背筋を伸ばして面接に挑んでいたはずです。

ところがどうでしょうか。皆さんの上司で、フレッシュで小ぎれい、「まるで歩く清潔感だ！」と形容されるような人はいますか？

少なくとも、僕が普段乗っている山手線では毎朝「お疲れ顔で覇気《はき》のないオジさん」がほとんどです。

ですが、考えてみてください。そんな上司にもみんな、20代前半の「モテたい時期」「就活期」があったのです。今では自分の見ためなんてぜーんぜん興味がなさそうなあの人も、きっと昔は気にしていたんです。

ということは、あなたの未来はどうでしょうか。そう考えるとやっぱり気が抜けません。

でも、あきらめなければ大丈夫です。なぜ年をとると男性は見ためを気にしなくなってしまうのか、紐解《ひもと》いていきましょう。

マンネリは現状維持ではなく後退である

僕は26歳を過ぎたあたりから、「今日、疲れてますか?」と2週間連続で、毎日お客様に言われたことがあります。そう言われるたびに「心配してくれているなんて嬉しい」ではなく、「気を使わせてしまって申し訳ない……」と感じていました。

「モテ・就活」を原動力にしてあれだけ見ために気を使っていた僕でさえ、仕事に没頭する毎日で様子が変わっていたのです。

「最近、全然キラキラしていないな」

スキンケアなんて特に調べることもせず、いつから置いてあるかわからない化粧水を塗ったり塗らなかったり。ヘアスタイルは20代前半に定番化したお決まりヘアをこだわりもなく継続。服の購買欲は以前よりも落ち、全盛期の服を長年着用。そうです、完全なる「見ためのマンネリ化」が訪れていました。職場には「気になるあの子」がいないので、見られる意識などいつの間にかどこへやら。しかし思考停止した身だしなみは、不潔感を増していくのです。その結果が「今日、疲れてますか？」です。

「この化粧品は自分に合っているか」
「紫外線対策ってしたほうがいいのか」
「この髪型は若づくりになってしまっていないか」
「この服はこれまで何回洗ってクタクタになっているのだろう」

何も考えずアラサーを過ごしていると、そんなことなど考えなくなってきます。


「いいえ、季節や環境でスキンケアは変えるべきです」

「日焼け止めを塗らないと、将来シミが増えます」

「その束感ヘアはとっても若づくりで逆効果です」

「その服、正直なところお下がりレベルで、クタクタになっていて不潔です」

そんなことを親切に教えてくれる人はいません。


みんな大人なので気を使って心の中にしまっています。それを長年続けると、自分を俯瞰《ふかん》すれば感じるはずのことが次第にわからなくなってくるのです。

気づいたときには「数年間のブランクがあるから、身だしなみって言われても何から手をつければいいかわからない……」という状況になり、それでいて相談することもできなくなっています。


しかし後々僕が気づいたことは、20代前半の見ための捉え方と、アラサーからの捉え方はまったく別物ということでした。

「モテたい」が原動力のファッションをする必要はもうありません。まったく違う動機だから、そもそもブランクなんてないのです。

身だしなみにセンスもカッコよさもいらない

それから試行錯誤した結果、アラサーからの身だしなみの方向性がわかりました。

「もうカッコよくなくていい」

それが僕が出した答えです。

思い返せば、若いときは「雰囲気」「オシャレ感のあるコーディネート」などを重視した自己満足ファッションでしたよね。言わば「イケメンになるための武器」としてアイテムを買い足していたのです。「雰囲気イケメン」なんていう言葉があったように、オシャレな佇《たたず》まいを目指す人が多かったように思います。

ですが、アラサーから行うべきことは言葉通りの「身だしなみ」であり、これはオシャレとはまったく別物だと考えます。ためしに『広辞苑』で「身だしなみ」の意味を調べると、こう書いてあります。

- 容姿・服装・言葉遣い・態度などに対する、心がけ。「——のよい人」
- 心がけとして教養・技芸などを身につけていること。「紳士としての——」

この辞書の意味合いからもわかるように、身だしなみとは「人に対して自分を整える」という、とてもビジネス的な見ための捉え方です。

これなら「ブランクがあってもできそうだ……!」と着手しましたが、思ったより簡単かつ結果が出るのも早いので、身だしなみをアップデートするのがどんどん楽しくなってしまったのです。

センスなんていらない。実験台は自分。学生のときより自己投資できるお金もある。

身だしなみはセンスや技術なんてなくても簡単、かつ、すぐに結果が出る、社会人にとって好都合なビジネスツールの磨き方だなと感じました。

自分が「商品」になる時代に一番やるべきこと

ほぼ毎日、東京23区内を出歩いているのに、「この人、素敵な身だしなみだなあ」と思える人を目にするのは、1日で数人程度。非常に少ないです。そのたびに「これはチャンスでしかない！」と、身だしなみに対するモチベーションが上がります。

なぜなら、身だしなみに気を使う人が少ないということは、「最大のビジネスツールを磨けていない人が多い」ということを意味しているからです。ライバルが身だしなみを整えていない可能性が高いからこそ、今が絶好のチャンスなのです。

今ではテレワークが増え、ズームなどのオンラインで商談やプレゼン、会議などをする人が増えたと思います。そのとき、パソコン画面に映った自分を見て、「俺は普段、こんな顔をしてプレゼンしていたのか……」と愕然《がくぜん》とした方は少なくないはずです。

リアルの世界だと自分の姿を見ることは少ないですが、オンラインといった画面の世界だと自分を俯瞰して見ることができますよね。肌の調子や目の下のクマ、ヒゲの剃り残しなど、普段気にしていなかったことをまざまざと見せつけられる格好になるでしょう。

「こんな顔をしていて結果は出せるのか？」

自分を客観視することで、思わずそう感じてしまうような不潔要素が見えてきます。そのときに「自分こそ最大のビジネスツールだから」と、気にして見るとよいきっかけになります。

何か商品を買うとき、広告の写真より実際のものがチープだと、「あれ……？」と違和感を覚えませんか？　それが広告の写真ではなく人の場合であっても、「写真と違うんだけど……」はよく聞く話ですよね（笑）。要は、信頼を置けないものは大体、外見と中身が合っていません。

いくらよいプレゼン内容でも、疲れ顔でシャツがクシャクシャでは「最高だね！」とはならないと思いますし、逆に清潔感があってハキハキした挨拶から始まれば、相手も「しっかり聞きたい」と思ってくれるはずです。

かつて『人は見た目が9割』（新潮新書）という本が流行《はや》りましたが、まさにこの題名は事実なのです。心理学では「メラビアンの法則」というものがあり、人が相手の第一印象を判断するうえで、「視覚情報（見ためなど）」と「聴覚情報（声など）」による影響は合計93％にも及び、「言語情報（話の内容など）」はたった7％にすぎないと証明されています。

少し極端ですが、プレゼン資料や商材の精度を高めるよりも、自分の身なりを整え、自信をつけることで声や言動にも反映させていくほうが、仕事の結果が出るということです。

かつては芸能人しか許されなかった「画面に映る人」に、誰もがなることができるのが今という時代です。一番売り出すべき商品は自分であり、こだわりを持って手塩にかけて育てるべきです。

男が鏡を見てもナルシストではない

僕が長年、美容師をしていて感じるのは「鏡を見られない男性の多さ」です。お客様が来店してきてカウンセリングを行うとき、伸びきった髪の状態ではほとんどの人が下を向いて自信なさそうにしています。

そもそも、男性は生きているあいだに鏡を見る時間が圧倒的に少ないのです。それもそのはず、学生時代の休み時間に鏡を見ていると、「お前ナルシストか？」と茶化されますよね。さらに服装や髪型を変えれば「どうした？　失恋した？」とイジられる始末です。ほとんどの男性にこうしたマイナスの記憶が刷り込まれすぎていて、鏡を見る文化が奪われています。

僕も服オタクだったとき、鏡を見ながら「服装」を見ているつもりでしたが、それでもナルシストと散々言われてきました。しかし女性は真逆です。鏡を見ない生活を続けると「女子力足りなくない？」と言われ、服装や髪型を変えれば「かわいい！　どこで買ったの？」と共感してもらえます。

女性は日々、鏡とにらめっこしながら「見ためＰＤＣＡ」（Plan〈計画〉→Do〈実行〉→Check〈評価〉→Action〈改善〉）を回し、改善点や伸ばす部分を理解して、レベルアップしています。男性に比べて女性で不潔な人が少ないのは、鏡を見る文化の違いに由来すると感じています。

さて、我々はもうすっかり大人になりました。前述の「モテるためのファッション」ではなく、「仕事のための身だしなみ」にシフトチェンジしています。お風呂や洗面台など、１人でいるときでかまいませんので、自分を観察するところから始めましょう。

自分の嫌なところを発見し、どんどん改善していきましょう。１週間見つめていれば、「あ、クマが深くなってる！」とか、「ニキビが治ってきた」など、これまでは気づきもしなかった自分のことをたくさん知ることになるでしょう。

「老いか、渋みか」は自分の捉え方で変わる

僕たちは日々、年をとりながら生きています。それは間違いのない事実であり、抗《あらが》いようがありません。加齢による見ための変化を「老い」とするか「渋さ」とするかは、向き合い方次第で変えることができます。「老い」は残念ながらあきらめてしまった人が歩む道であり、「渋み」は年々増していく価値です。

男性には革製品が好きな方が多いですが、経年変化こそ日々のメンテナンスの賜《たまもの》で、年月をかけた分だけ愛着が湧いてきます。

清潔感を保ち、身だしなみを常に整え続ける習慣を身につければ、一生愛せる自分づくりと、自信を得た者の持つ仕事術が生まれます。見ためと心はつながっていますから。さあ、今こそ自分を見つめ直し、身だしなみを磨きましょう。

Chapter 2

誰からも愛される「身だしなみ」チェック

女性の率直な意見に耳を傾けてみよう

身だしなみを整えていく際の最重要ポイントは「女性の意見」です。美容師をしていると、女性と日常的に会話をします。1～2カ月に1度、一対一で2時間ほどお話しするので、「友達以上恋人未満」あるいは「親戚のお兄ちゃん」くらいの立ち位置になってしまうのです。

ではどんな会話をしているかと言うと、彼や旦那様の話、ぶっちゃけ話や愚痴など、アシスタントも交えながら女子会と同じような空間が広がります。そこで頻発する話題が「男性の不快に感じるところ」で、僕も「反応に困っちゃうなあ……」と思うくらい痛快に喝《かつ》を入れてくださいます。

さらに、僕のSNSで「不快に感じる男性の行動や見ため」のアンケートを取ったことがあります。日頃から溜めていた思いを吐き出すかのように、1日で数百件の回答がありました。回答を見ながら手が震えましたが、「女性はすごい」

と感心しました。

見ために関して元祖プロフェッショナルは女性だと思うので、先輩の意見だと思って我々男性の参考にできたらと思います。

女性が気になる男性の不潔ポイント

― 男性の不潔で気になる点①「臭い」 ―

身だしなみと言うと、どうしても見ために引っ張られがちですが、臭いはもっとも減点される要素です。「スメルハラスメント」という言葉が流行ったことがあったくらい、男女に関係なく不快に感じた経験がある人がほとんどではないでしょうか。

嗅覚と記憶の関連性は研究でも明らかになっています。嗅覚は過去に感じた心情や情景を蘇《よみがえ》らせてくれますが、都合よく「エモい」ものだけではないんですよね。初対面で「くさい」と思われたら、その記憶は簡単には拭《ぬぐ》えない可能性があるのです。

毎日その臭いと生活している自分自身では気づけないことが多いのです。大人男子に潜む「臭い」との付き合い方を上手にすれば、人生は変わるでしょう。ここでは特に気になる「3つの臭い」について、その対策を紹介します。

1 汗・体臭

「運命の相手の体臭はいくら嗅いでいても大丈夫！」という人はいますが、通勤電車の同じ車両に運命の相手がいるとは限りません。よっぽど相性のよいごく少数以外、汗の臭いや体臭は不快感のもとです。

朝シャン、または汗拭きシートで

寝ているあいだにはコップ1杯分ほどの発汗をすると言われています。これは健康的な睡眠のために必要なものなので、防止することはできません。「起きた後にどうするか」で大きな差が生まれてきます。

時間に余裕があるなら「サッと3分朝シャン」はおすすめです。夜の入浴のようにしっかり洗うのではなく、手でサッと石鹸《せっけん》の泡を撫でる程度で、朝からよい気分に変わります。

とは言え、朝は時間がないものですよね。そんな方は「ボディ用汗拭きシート」をクローゼットに近い位置に常備しておき、パジャマから着替えるときにパンツ一丁の姿でサッと拭きます。これなら約10秒でできるので容易《たやす》いものです。

勤務中も汗をかいたら放置しない

社会人1年めのとき、慣れない生活リズムとストレスに悩まされた時期がありました。そのとき、椅子に座って作業をしていると、猛烈な悪臭が立ち込め、集中力がなくなってしまったことがあります。

なんと、原因は「自分の足の臭い」だったのです……。

靴を貫通するほどの悪臭は、自律神経の乱れからくる精神的発汗によるものでした。温度変化や運動による汗より臭いが強いと言われており、ビジネスパーソンにはこれの対策も必要です。

精神的発汗は腋《わき》や手のひら、足の裏などで起こりやすいのですが、いずれも皮膚上の細菌が汗の成分や皮脂を分解して臭いを発します。そもそも汗自体に臭いはないのです。放置したり蒸れたりするのが好ましくないので、デオドラントシートや制汗剤などをかばんに常備するとよいでしょう。会社のロッカーやデスクにストックしておくのもおすすめです。

2 服の臭い

僕は一人暮らしをしていた頃、服の管理がとてもズボラでした。帰ってきたらポイッと脱ぎ捨て、朝起きたら、散らかった服の中からまともそうなものを選んでそれを着るだけ。たまに最安の洗剤を使って適当に洗濯し、何も考えず部屋干しです。

今考えると「ズボラ悪臭を放っていたのではないか」と心配になります。実家を出てから結婚するまでの一人暮らしの期間、慣れない服の管理はどうしてもズボラになってしまうケースが多いですよね。

「一人暮らし男子の部屋の臭い」は何となく皆さん想像がつくかと思いますが、服に染み付いている可能性があります。そして、数日着回したTシャツやワイシャツは汗を含んで、臭いの原因になります。しっかり見直していきましょう。

乾燥機付き洗濯機で手間がぐっと減る

時間がないビジネスパーソンにとって、服の管理に費やす時間は惜しいはずです。当時の僕も洗濯というひと言で表現される作業が、「洗う・干す（乾かす）・取り込む・畳む」という4工程を含んでいることに面倒くささを感じていました。「もっと簡単そうに聞こえるじゃないか！」と1人であてもなく怒っていました（笑）。

そんな僕を救ってくれたのはドラム式の洗濯機です。通常の洗濯機に比べて高価なことは間違いないのですが、悩んでいた時間を取り返したいくらいのマストバイアイテムです。

洗濯に含まれる4工程ですが、通常の洗濯機だと洗濯開始から最後に畳むまで、待ち時間（干している時間）も合わせると7時間程度かかります。洗った後はすぐ干さないとくさくなってしまうので、洗濯機のスイッチを入れてから1時間くらいは自宅拘束されてしまいます。どう考えても時間の無駄だと思いませんか？

ドラム式洗濯機を使えば「洗う・畳む」のたった2工程を行うだけで済み、待ち時間も拘束されません。スイッチを入れてどこかに出かけても、帰ってきたらフワフワに乾いた服が待っています。

これによって僕は洗濯に対する苦手意識がなくなり、常に清潔な服を着る習慣ができました。人は置かれている環境でパフォーマンスが変わりますが、「道具選び」ほど効果的なものはありません。

家電店で買えば分割払いが可能ですし、自由な時間が増えて清潔を保てる「毎月数千円のサブスクリプション（定額制）サービス」と考えれば安いものではないでしょうか。

スチームアイロンで簡単シワ伸ばし

女性から見て、不潔そうに感じる服のポイントに「シワ」があります。ちょっとした「ヨレ」でさえ女性にとってはマイナスポイントです。

Tシャツやズボン、ワイシャツがクタッとしていませんか？ その服が新品のようにパリッとしていたら合格です。ワイシャツはクリーニングに出せば大丈夫ですが、そうでないなら日常的にアイロンをかけていないとパリッとさせるのは難しいはずです。

僕がシワを伸ばすことに目覚めたのは、古着屋の店員さんが業務用スチームアイロンをかける姿を見てからです。古着の白シャツは年数が経っていて、ただでさえヨレやすく、クタッとしがちです。けれど、スチームアイロンを当てると、あっという間にシャツが「生き返る」んです。その帰り、ドン・キホーテで2000円ほどのスチームアイロンを購入して、家にあるシャツをすべてアイロンがけしました。ハンガーにかけたまま、驚くほど簡単に完成します。スチームアイロンを手にしてから、シワ伸ばしが楽しくてたまりません。やはりパフォーマンスを上げるためには「道具」がすべてです。

3 口臭

高校生の頃、学年のマドンナ（なんて言い方は古いですかね……）と話したときに口臭がキツかったことがありました。大変申し訳ないのですが、その日から会うたびにその記憶がフラッシュバックされ、僕の中で彼女は憧れの対象ではなくなってしまったのです。

「あ」の形で口を大きく開けて、喉《のど》あたりからモワッと温かい息を出して、瞬間的に鼻で嗅ぐとセルフチェックができます。……が、かなり高度なテクニックがいるので、根本から対策をしておくことをおすすめします。

歯間ブラシを使わないと歯垢は除去できない

第一三共ヘルスケア「くすりと健康の情報局」によると、口臭の大きな原因には舌苔《ぜったい》および歯周病があるそうです。

日本人の約８割が罹《かか》っている歯周病は、歯垢《しこう》（プラーク）という細菌の集まりが繁殖することで起こるのです。正直なところ、歯垢が細菌だというのは初耳でした。プラークコントロールと言って、歯垢を確実に取り除く方法を習得するのが予防の最善策だそうです。

また、『日本歯科保存学雑誌』（２００５年 Vol.48, No.2）によると、歯と歯のあいだの歯垢は歯ブラシのみだと61％、歯ブラシとデンタルフロスで79％、歯ブラシと歯間ブラシで85％を除去できるそうです。歯ブラシで誰よりも丁寧に歯磨きをやっていた自信はあったのですが、いくら頑張っても歯ブラシだけでは届かない箇所があるということです。

それを知ってから、歯間ブラシを通すたびに臭いを嗅いでいますが、１日置くだけでも十分くさい（！）です。「これが全部で27個の隙間に潜んでいるのか……」と思うとなぜだか燃えてきて、きれいにすると爽快です。

歯ブラシだけで磨くのではなく、歯間ブラシやデンタルフロス、舌ブラシなども使いながら、口臭予防をしていきましょう。図2

男性の不潔で気になる点②「毛の処理」

髪の毛はあれほど毎日ケアされるのに、その他の毛と言ったら「ムダ毛」にされて煙たがられます。「ちょっぴりかわいそうだな……」と思ってしまいますが、そんな発想は女性にはこれっぽっちもありません。

男性のほうが濃い体毛ですが、今は処理するのが当たり前になってきていますね。男性用の脱毛サロンも流行っていますし、毛と向き合うことは身だしなみの1つです。

ボディトリマーでムダ毛の8割は解決

ムダ毛と言って、ほとんどの方が思い浮かべるのは「腕毛」「すね毛」だと思います。ここの処理に関して、皆さんツルツルにしがちです。それ、本当にツルツルでいいんですか？　これは意見が分かれると思いますが、本当になくしたいなら脱毛サロンに行くべきです。けれど、「ツルツルには抵抗がある……」という方も多くいらっしゃるのではないでしょうか。

僕は足や腕が細いのがコンプレックスで、毛をすべてなくしてしまうと弱々しい印象になるので嫌です。でも放置していると汚らしいので、すべてボディト

図2

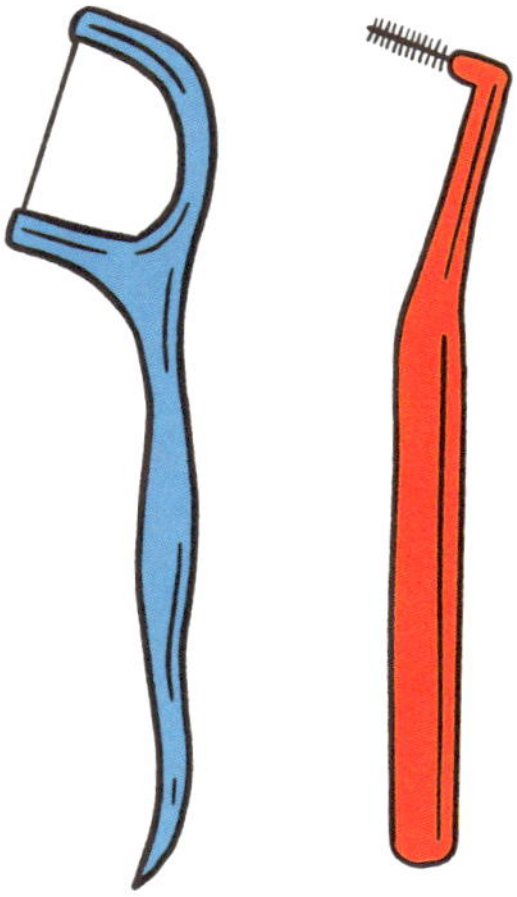

歯間ブラシ

・歯と歯の広い隙間を磨くことができる
・虫歯になりやすい歯の根元も磨ける

デンタルフロス

・歯と歯の狭い隙間を磨くことができる
・歯周ポケットの中まで磨けるので歯周病になりにくい

リマーを使って3〜6㎜に揃えています。ムダ毛処理の選択肢に「程よく短くする」を入れておくとよいでしょう。髪の毛を切ったときのように切り揃えることで、「清潔感のあるムダ毛」に生まれ変わります。図3

ヒゲは生やしても生やさなくてもケアが大事

高度成長期直前の1953年の『読売新聞』に「朝の髭剃りはエチケット」と書かれています。サラリーマンはヒゲを剃るのが身だしなみという文化が、その頃に定着したようですね。

1973年に東京都が行った調査によると、男性の「ヒゲ率」は5％だそうです。かたやイギリスのマーケットリサーチ会社「YouGov」によれば、6人に1人がヒゲを生やし、「男らしくてカッコいい」という印象があるそうです。図4

国内外でさまざまな意見が飛び交うヒゲ問題ですが、前述のムダ毛処理と同じく「メンテナンスを行うこと」が共通して言える清潔感を保つコツでしょう。

ヒゲを生やさない人は、シェービングフォームを使って丁寧に剃り、その後の保湿はマストです。刃が当たった後は皮膚が乾燥し、その状態で紫外線を浴びると肌荒れやニキビの原因にもなるので、必ず行ってほしいところです。化粧水や

図3

After　Before

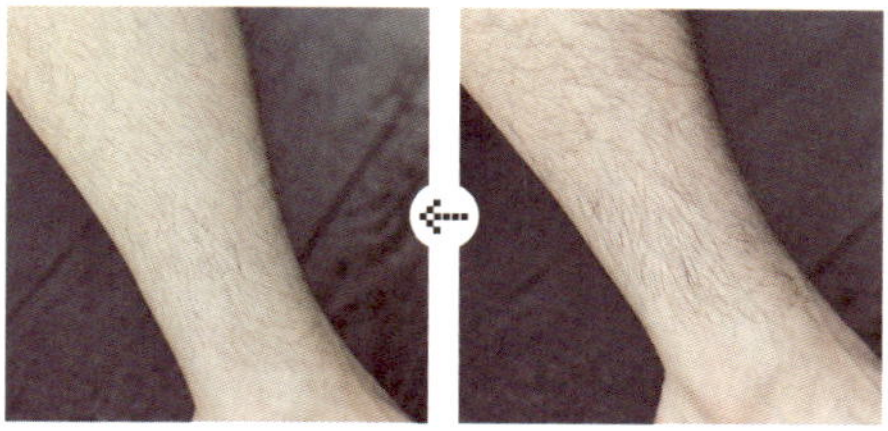

ボディトリマーで6㎜に整えた状態です。きれいに刈られて清潔感が増して見えると思います。

整える前は、毛の長さが違っていたり、毛がさまざまな方向へ乱れてしまいがちです。

図4

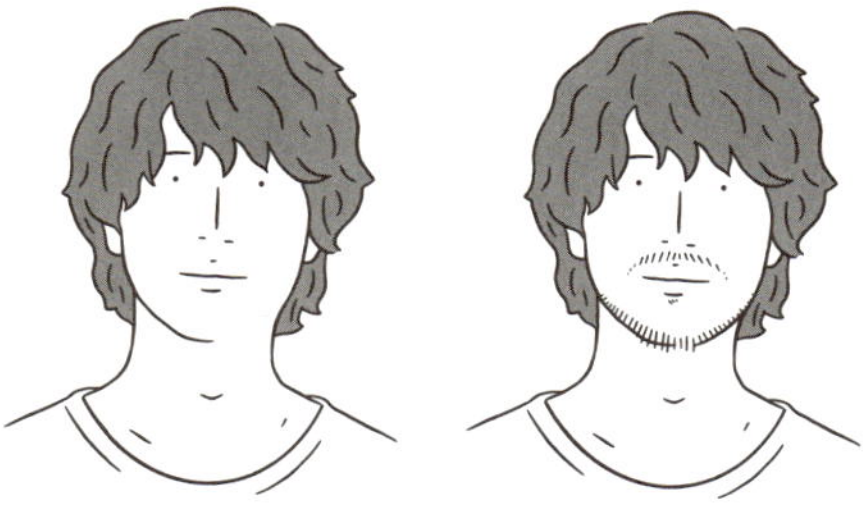

ヒゲなし

ヒゲを剃ると清潔感が一気に増します。乾燥を防ぐため、ヒゲ剃り後の保湿は必須です。

ヒゲあり

ヒゲは整えることで男の色気が増して、年齢も少し上に見せてくれる効果があります。

乳液、またはアフターシェービングローションを塗って保護しましょう。

ヒゲを生やす人は、体と同様にボディトリマーなどで3〜6㎜で整えるとよいでしょう。毛の成長速度は1本ごとに違います。放置しているとバラバラに生えてきて不潔感があるので、注意が必要です。

ちなみに僕は29歳のときに初めて、ヒゲを生やすことを決意しました。美容師という清潔感が求められる現場ですが、ユーチューブを見てもらいたい層を30代前後に設定していたので、童顔を解消するために生やしたのがキッカケです。

ヒゲを生やすことにより、当然のことながら毎日のヒゲ剃りがなくなり、ヒゲ剃りによる肌ダメージを防げるわけですから、スキンケアにとっては効果的でした。整える際もヒゲ剃りではなくボディトリマーで調整するだけですので、肌荒れリスクはなくなります。

見ために関しては、実年齢プラス3歳ほど大人っぽくなり、生やしていないときは若く見られがちでしたが、ヒゲを生やしてからは実年齢より若く見られることは少なくなりました。

そして嬉しいことに、「色気が増した」と言っていただけるようになりました。ヒゲは男性にしかない要素の1つなので、より男らしさをアピールすることができるというのは納得がいきますよね。

さらに、小顔効果もあります。黒は全体を引き締める効果があるため、顎《あご》や頬骨に黒いヒゲがあるとキュッと小顔に見せてくれるのです。

ただ、もちろんよいことばかりではありません。固定概念でヒゲ＝不潔と捉えられることもあるのが現状です。動作としては「ヒゲを触る癖」がつく可能性があります。「女性の気になる男性の不快な行動」のアンケート結果にも、「ヒゲを触るのが嫌だ」という意見が数票ありました。この癖は行動としてもNGであることに加え、手が汚いと不衛生なので注意が必要です。

案外みんなやっている「アンダーヘアの処理」

男子大学生のお客様の髪を切っていて、ひょんなことからアンダーヘアの話題になったことがあります。

お客様「そろそろ下の毛、全部いっちゃおうと思ってて。家だとどうも面倒で」
僕「え？　家だと面倒って、どういうこと……？」
お客様「脱毛サロンですよ！　え、何もしてないんですか？」（苦笑）

どうやら、大学生である程度見ためを気にしている人は、当たり前にアンダーヘアを整えているようです。僕らアラサー世代ではあまり聞いたことはありませんが、ここに関しても時代は変わってきているのです。

脱毛などを行う「ゴリラクリニック」の調査によると、20～40代の男性の3人に1人が何らかの形でアンダーヘアの処理をしているそうです。ジャンル分けをすると、完全にツルツル状態に脱毛する「ハイジ男子」、程よく長さや形を調整する「デザイン男子」、そして何も手を加えない「ボーボー男子」。図5

なんと20代では「ハイジ男子」が急上昇しているとのことですが、皆さんはいかがでしょう？　僕はアドバイスのもと、ボディトリマーで10㎜前後に長さを調

整、さらに周りの無駄な部分を処理して形を整える方法を行っていますが、非常

図5

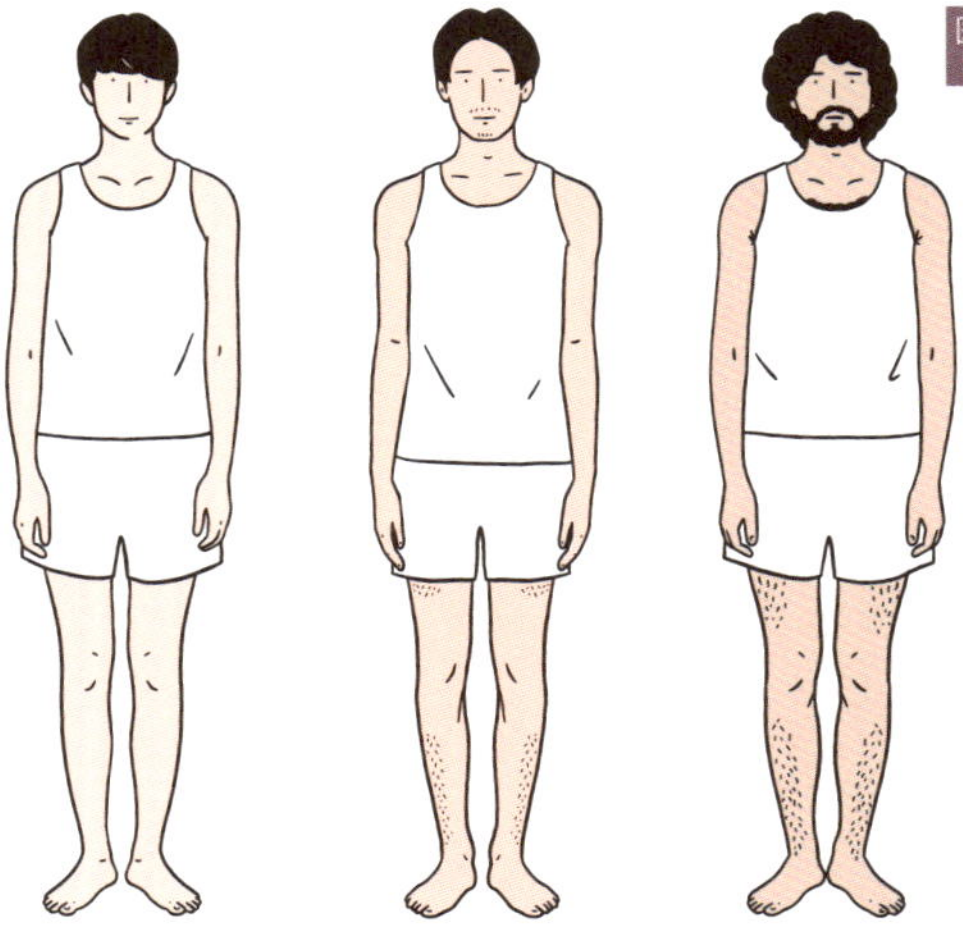

ボーボー男子

何も手入れをしていない。手入れをするという選択肢を持っていない人が多いが、気にするキッカケさえあればハマってしまうことが多いかも？

デザイン男子

完全になくしてはいないが、ある程度処理をしたり、整えている。清潔感は保ちたいが、なくすまではいきたくない人向け。

ハイジ男子

脱毛をしてアンダーヘアをなくしている。清潔であることのほか、かゆみやムレなどの悩みを解決するために行っているケースもある。

に快適です。床に落ちる無様《ぶざま》なアンダーヘアも少なくなり、日中のムレ感や巻き込み事故などが減りました。図6

男性の不潔で気になる点③「爪」

「末端は汚れやすくもあり、磨けば光りもす」という僕の名言があります（笑）。髪の毛先、足の指、ベルトの先端、スマートフォンの四つ角……どれもすぐに劣化する部分ですが、逆にそこさえ磨いていれば清潔に見えやすい部分でもあるということです。

爪の処理はトップセールスマンやギタリスト、マジシャンなど、見られる意識が強い人は長年きれいに整えています。ご自身の爪先を見て「もっとこうすれば清潔感が増すかな？」と考えてみてください。

「適当に切ればいい」をやめてみる

「爪をきれいにすれば清潔に見えるのはわかる。でも、切る以外に何か方法はあるのだろうか？」
男性なら誰しもそう考えるでしょう。ケアはもちろんですが、予防や爪に関する動作についても、女性から意見をいただいているので紹介しましょう。

「パナソニック ボディトリマー ER-GK70-K」小型タイプで扱いやすく、長さも好みに合わせて「3㎜」「6㎜」「9㎜」と変更できる。

図6

【爪が長いと負のサイクルが起こる】

爪が長いと、ちょっとしたものをつまんだり、鼻をほじったり、何かと便利なことが多いものです。しかし、その動作自体が不快であったり、あるいはその動作によって爪の中にゴミが溜まったりします。さらにはそのゴミを取ろうとコマコマと掘ったり……。こう考えると負の連鎖でしかありません。

まだスマホが普及していない頃、電車に乗っているときは音楽を聞いてボーッとするのが定番でした。じっとしていればいいものを、無意識に爪のゴミをほじり、パラパラと床に落とすという、今考えると不快極まりない行動をしていたことがあります。そんな人の隣には座りたくもありませんよね……。

そうならないためにも週に1回は爪を切り、不快な行動の原因からシャットダウンする必要があると思います。

【足の爪の手入れも忘れないように】

爪と言うと、手の爪のみに一生懸命になる方が多いです。もちろん、手を中心にケアや予防を行うのはよいことだと思いますが、比率が10対0になってしまってはもったいない。外ではきれいに保てていたものの、靴下を脱いだら足の爪が伸び放題！　それに加えて靴下のゴミも溜まっていてくさそう……という方をサウナでよく見かけます。

ビジネスではなかなかお披露目する機会は少ないですが、女性への身だしなみのために、足の爪もセットで手入れしていきましょう。足の爪こそ末端です。ここを磨けば清潔感は一気に輝くでしょう。

【爪は切った後にやすりをかけたほうがよいのか】

爪切りの裏に付いている簡易的なやすり。あの小ささと操作性の悪さでやすりをかけない人生でしたが、ネイル専用のやすり「メンズグルーミングキット」に入っていたものを使うようになった途端、カット後のやすりがけが習慣になりました。

メンズグルーミングキットとは、爪切りやピンセット、ミニバサミなど、身だしなみに役立つ道具がセットになったアイテムです。ネイル専用のやすりは小回りも利いて使いやすいので、自分好みに爪をカスタムできます。足の小指などは爪切りだと衝撃を与えて縦割れしてしまうこともあるので、優しくやすりをかけるだけで十分なケアになります。

女性との夜の前、一生懸命に爪を切って対策をしますが、実は逆効果の可能性もあるというのを覚えておいてください。切ったばかりの爪は断面に角《かど》があって危険です。やすりをかけて角を落とすのも、男性の身だしなみに有効です。

美容師はシャンプーのときに過ってお客様の頭を爪の角で傷つけてしまう可能性があるので、常に丸く削って手入れをしているのです。

「切るだけ」からさらにレベルを上げる

初歩的なことはやっているけど「手を見られる機会が多いからワンランク上を目指したい」という方もいらっしゃるかと思います。名刺を受け取るとき、スマホを持っているとき、相手に資料を見せるとき。そんなときのために、もう一歩、爪のケアをレベルアップする方法もご紹介していきます。

【女性では当たり前の甘皮処理をやってみる】

爪の根っこにある、うっすらと爪を覆う皮膚のようなものを甘皮《あまかわ》と言います。女性は当たり前のケアとしてやられている方が多いのですが、男性にはあまり知られていません。ここを処理すると、爪が長く見えたり、爪がより健康的になるというメリットがあります。

セルフケアをする場合は、ユーチューブで「甘皮　ケア」と検索すればプロのネイリストのコンテンツが豊富ですし、あるいはネイルサロンに行って一度よい状態を知っておくのもおすすめです。

【マットコートへの抵抗感をなくそう】

爪のケアをするうえで最上位に来るのが「塗る」という行為。「そこまでしたらネイル感が出て抵抗があるなあ」と考えている方が多いと思いますが、実はこれが意外といいんです。

女性のネイルはかわいい色や立体的なデザイン、ツヤッとした質感がポピュラーですが、メンズはマット・透明のみです。塗っている感はないですし、爪の凹凸やムラが消え、マットな膜が1枚貼られたようで清潔感がグンと上がります。高級車にマットシートを貼ってきれいに見せている感覚でしょうか。

切って、やすりをかけて、甘皮を処理して、マットコートを塗れば、手の印象がガラリと変わるでしょう。なぜか所作まできれいに見えるので、マジシャンなどがよく手入れをしているのも納得できます。図7

【肌と同じように爪も乾燥する】

爪の縦ジワが気になることがありますよね。これが深くなってくるとおじいちゃんのような見ためになりがちです。

この原因として挙げられるのが、老化と乾燥です。爪も肌と同じように保湿が必要なので、ハンドクリームを爪の周りや指先などに塗って潤いを与えましょう。

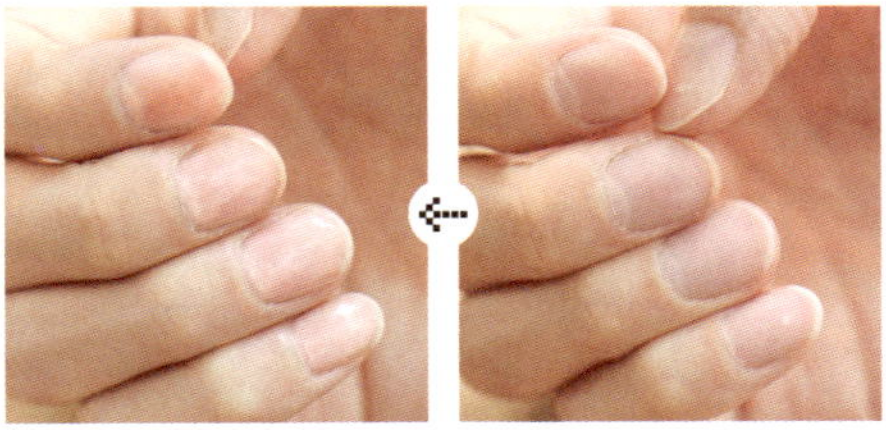

マットコートを塗った後の状態。爪がきれいになると手全体が清潔に見えるのは僕だけでしょうか。

こちらがマットコートを塗る前の状態です。普段、多くの男性がこの状態だと思います。

図7

男性の不潔で気になる点 ④「足もと」

「おしゃれは足もとから」という言葉があります。単に「ファッションの入り口は靴だ」という意味だけではありません。足もとには生活態度や性格が出やすいため、足もとの管理で判断されてしまうという説もあります。

女性はヒールを履いたり、フットネイルをしたりして足もとにも気を使っているため、男性に対しても厳しくなりがちなのかもしれません。

ボロボロですり減った靴は履かないように

以前、仕事用にプラダの高級シューズを購入し、愛用していました。履き始めた頃は靴ずれすらも清々《すがすが》しく、プラダを足もとにまとう自信で快適だったのを覚えています。

けれど、気に入って履き続けること数年、「その靴、もうヤバいですね（笑）」

と女性に言われてギョッとしました。革はひび割れ、靴底も斜めにすり減っており、言われてみれば限界でした。愛着が湧きすぎていて、これらの傷みすら気づいていなかったのです。

以前、カスタムを続けたパソコンに愛着が湧きすぎてしまい、毎日かばんに突っ込んで持ち歩く生活を続けていたところ、気づけば傷だらけのパソコンで打ち合わせということもありました。

どうやら相棒への愛が強すぎると、中身しか見られなくなってしまうみたいです。

あなたの靴箱にある相棒は、人から見てもきれいでしょうか？

「足もとからバッチリ！」と言えるでしょうか？

明らかに靴底がすり減っていたら、歩き方からあらためたほうがよいかもしれません。そうでなくても、足は臭いが連想されやすいポイントなので、他の部分以上に清潔にしておく必要があると思います。

手入れを定期的に、毎日は履かない

革靴は週に2〜3足をローテーションで履くのがよいと言われています。高級なものは勝負のとき、その前後はリーズナブルな靴で挟むのが僕流です。

メンテナンスは月に1回、休みの日に一気に3足をきれいにします。ブラシをかけ、オイルを塗り、乾拭《からぶ》きをする一般的な方法です。最後に防水スプレーをかけて完了です。

靴のメンテナンスで気づいたことは、スキンケアと一緒だということです。観察するのも、保湿をするのも。肌は敏感なためスキンケアでは肌を擦《こす》らないようにしますが、同じようにシューケアでも、靴を履くときは靴べらを使って革に負担をかけないよう心がけます。

共通して考えられることが多いので、どちらかを覚えれば応用が利くかもしれませんね。

ダサい靴下はやっぱり恥ずかしい

「チラッと覗《のぞ》いた靴下が合ってないと、瞬間的に『ダサ!』って思ってしまいます」という女性の声がありました。

コーディネートに関して、見えない靴下までこだわる人は何割くらいいるのでしょうか。トップスやボトムスはこだわりを持って購入するものの、靴下は誰かに買ってきてもらったり、適当に買ったり……なんてことはありませんか? 僕はあります。

20代前半のとき、一人暮らしの男友達の家に遊びに行ったことがありました。僕から見て彼はライフスタイルがイケていて、オシャレ感があふれ出ているような青年でした。

インテリアも北欧風で素晴らしかったのですが、ご飯を出してくれたときに拍子抜けしました。明らかに実家の引き出物から持ってきたであろう「花柄のダサい食器」だったのです。このとき、僕は瞬間的に「おお、ダサい!」と思ってしまいました（ごめんなさい）。

整った全体像の中に、一部だけ他人の価値観が入り込むと「ダサい違和感」が生まれるのだと思います。これを思い出したとき、冒頭の女性の言葉に納得したのです。パリッとした黒いスーツに、カジュアルなチェックの靴下がチラ見えすると、もったいなさを感じざるをえません。それをきっかけに、僕はユニクロの黒無地ソックスを10足買い、少しでも毛羽立ってきたら買い替える生活をしています。どんなときでも黒なら違和感がないですし、洗濯物を畳む際の「靴下神経衰弱」がなくなるので時短にもなります。

「靴を脱いでも誇れる状態」になっているか

足もとへ細心の注意を払うようになったなら、気にすることは1つだけです。それは「靴を脱いでも誇れる状態なのか？」ということです。

靴を脱いだとき、だらしない部分や気を抜いた部分が丸裸になります。具体的に言うと、「靴下が汚くないか」「靴下が毛羽立っていないか」などです。手入れをしていなくとも、靴下はだいたいスボンの裾《すそ》に隠れてしまいますし、騙《だま》し騙し履くことは可能です。けれど、御座敷など急に脱ぐ場面がやってきて、「まずい、自分はほかの人より最後に脱ぎたい」と思ったら準備不足ですよね。

「靴を脱いでも足もとが清潔な状態」を保つ準備を心がけると、自然と習慣になってきます。僕もマッサージ屋さんや、マンションの一室のオフィスにお邪魔する機会が増えたので、常に清潔な状態を保つようにしています。

余談ですが、僕は革靴のソールにブランド名の印字が入っているものをよく購入しています。なぜかと言うと、印字がすり減って消えてくるのが「劣化の合図」と決めているからです。愛着が湧くとついつい履きつぶしてしまいがちですが、印字はすり減ると復活しないので、よいアラーム代わりになります。

男性の不潔で気になる点⑤「肌」

女性へのアンケートで興味深かったのは、肌に関する回答でした。

ニキビや肌荒れなど、改善するのが大変な点に関しての否定的な回答は一切ありませんでした。やはり肌の悩みは、女性も同じく抱えているものです。「肌荒れはよくない！」なんてことは言わないのです。

一方、口を揃えて言っていたのは、「肌が放置されている状態が嫌」というものでした。男性は放置したり、そもそもトラブルに気づいていないケースも多いので、女性は気になってしまうところが多いのでしょう。ついつい目が行ってしまう（男性が放置してしまう）部分はどこなのでしょうか。

唇が乾燥してビロビロの状態

人の第一印象を数秒で判断するうち、顔の割合は7割ほどと言われています。肌のケアは男性でも関心が増してきていますが、唇のケアまでしている人は少ないと感じます。特に冬場の乾燥する時期、唇がパックリ縦割れしていたり、バサバサな人を見かけることは多いですよね。

唇を放置した人を見ると、口臭を連想します。逆に、きれいにケアされているとそう感じにくいのです。第一印象で口臭を連想される可能性は、なんとしてでも避けたいところですよね。

【唇の荒れは肌よりも早く改善する】

「そもそも唇とは何なのか」から考えてみたいと思います。

唇は皮膚と違い、汗腺や皮脂膜がない粘膜の一部です。そのためバリア機能も少なく、とてもデリケートな部分なのです。さらにメラニン色素も少ないため、紫外線の影響も受けやすく、とてもか弱い部分だということがわかりますね。

荒れる原因としては、飲食、舐《な》める行為、歯磨き粉のような化学的な刺激、あるいは乾燥や体調などにも左右されます。

唇も肌と同様に、細胞の生まれ変わりが定期的に行われます（これをターンオーバーと言います。詳しくは第3章でご紹介します）。肌は約28日周期と言われていますが、唇はなんと3～5日周期です。

今、自分の唇を見てガッカリした方も、唇の荒れは肌より早く改善されるはずです。しっかりケアしていきましょう。

【リップクリームは保湿用に常備】

縦割れやビロビロ、乾燥には何と言っても保湿です。保湿さえできていれば、この問題はほぼ解決に近づきます。

ご飯を食べたら口を拭いて、リップクリームで保湿。このステップを習慣にすると唇の状態は変わります。

たとえば辛いラーメン、ポテトチップス、脂っこい肉は皆さん好きだと思いますが、そんなものを唇に乗せたままでは当然、刺激になります。食後に唇をペロッと舐めれば大丈夫と思っても、そもそも舌が汚いから意味がありません。それに、舐めたところで、保湿因子がないのですぐに水分は飛んでしまいます。

お手拭きは片面を残しておき、食後に拭いてリップクリームで保湿しましょう。

最近では男性向けのカッコいいパッケージのリップクリームもたくさん売られています。コソコソと女性用のかわいいパッケージのリップクリームを塗る時代は終わりです。ぜひ自分が常備していてモチベーションが上がるリップクリーム探しから始めてみてください。

【たまには角質を落とす特別なケアを】

古い角質が溜まっているとガサガサの原因になります。指で擦ったり、無理やり剝《む》いたりすると刺激になって逆効果になります。そんなとき、角質を優しくオフするケアをしてあげると、すっきりきれいな唇に生まれ変わります。

方法はさまざまですが、僕はリップスクラブというアイテムを使っています。その名の通り、粒々のスクラブで角質を落としてくれ、さらに保湿もしてくれるので一石二鳥です。「ガサガサしてきたな」と感じたら、週に1回程度でいいのでトライすると改善しやすくなりますよ。

顔に粉が吹いていたり、ギトギトの状態

こちらも「ケアをしていないのがバレバレな状態」ですね。

実は僕も、以前は顔に粉が吹いている状態で仕事をしていました。先輩に「顔が粉粉だから、化粧水買ってこい。そんな状態でお客様の前に立っちゃダメ」と言われ、初めて自分の顔に粉が吹いていることを知りました。

気にかけていなければ、自分の顔が粉だらけだなんて気づきもしません。ですが、僕も含めてほとんどの男性が「気にしていなかった」時代があるのです。だから改善した今は余計に気になり、人に言いたがるんですね。かくいう僕も、今では粉粉・ギトギトな男性は気になってしまいます。

【顔面の粉吹きの原因は乾燥肌】

肌に水分が足りていないうえに、室内の空調の影響による乾燥で余計に水分が奪われていく結果が、粉を吹く状態です。

もともと乾燥肌の方でも、男性はボディソープでそのまま顔を洗っていたりします。ちゃんと洗顔料を使っていてもゴシゴシと手で顔を擦っていると、知らぬうちに刺激を与えたり、皮脂を奪いすぎている可能性があります。

乾燥肌用の洗顔料で優しく洗ったり、洗顔後の乾燥する前に化粧水や乳液で保湿しておくことが大事です。

僕が粉粉で出勤していたときは、まさにボディソープで洗顔をして、体を流すときと同じ熱い温度のシャワーで流し、保湿ケアは一切していませんでした。今考えると恐ろしいですが、ケアをするようになってから粉は1度も吹いていないですし、乾燥特有のパキパキとした痛みやかゆみもなくなりました。

【乾燥が「肌ギトギト」の原因の1つ】

一般的に男性は女性に比べて皮脂の分泌量が3倍と言われています。だから、「ガッツリ洗おう！」「皮脂をしっかり落とそう！」という発想になるのはわかりますが、そうするとさらに皮脂を分泌しかねないのが現実です。

そもそも皮脂は人間のバリア機能に欠かせないものです。適度な皮脂の分泌は必要なものですが、過剰となれば見ための問題や肌トラブルの原因にもなります。

意外かもしれませんが、過剰な皮脂分泌の原因の1つが「乾燥」です。脂性肌の方ほど洗いすぎたり、ベタつくからとスキンケアをしなかったりしますが、それが原因で洗顔後は一時的に乾燥します。すると、肌が乾燥状態を防ごうと過剰な皮脂分泌をし、その結果ギトギトになるという悪循環が起こってしまうのです。

スキンケアに関して、詳しくは第3章で解説していきます。

さて、女性からのアンケートをもとに「男性の不潔で気になるポイント」を5つ解説してきました。身だしなみを整えるうえでの最低限の心得かと思いますが、完璧にできているかと言うと100％ではないことも多いはずです。

いずれも、ケアを日常に取り入れれば、見ためも整い、QOL（Quality of Life、生活の質）も上がることでしょう。

身だしなみチェックが終わったところで、次章からはいよいよ、大人男子の身だしなみの重要なポイントである「スキンケア」「メンズメイク」「ヘアスタイル」「ファッション」についてご紹介していきましょう。

Chapter 3

アラサーから始める 正しい「スキンケア」

将来7割の男性がスキンケアを取り入れる

身だしなみの第一歩として登場するのが「スキンケア」です。最近では男性のスキンケア市場がみるみる伸びており、20〜40代の男性の約40%が何らかのスキンケアを取り入れているそうです。SNSなどのコミュニケーションによって、今後7割くらいの男性がスキンケアを取り入れる世の中になると、僕は予想しています。

と言うのも、ヘアワックスは使用率が過半数を超えており、変化が見えやすい美容法であるにもかかわらず、つけるのに抵抗がある人はほぼいないと思います。それに比べ、スキンケアは家でコッソリ楽しめる美容法なので、ワックス市場を超えるのではないかと考えています。

肌はきれいに保てば見ためがグッと若くなり、年齢を重ねるごとに周りとの清潔感に差が出る部分。スキンケアを日常に取り入れて、将来に待ち受けるシワ・シミ・たるみなどへの対策をしっかりとしていきましょう。

スキンケアはそんなに難しいものじゃない

スキンケア未経験の方や、何となくやっている方にとっては、まだまだスキンケアと聞くと難易度が高いのでしょうか？

いえいえ、実は全然高くありません。スキンケアにはヘアワックスのように独自のセンスやポテンシャルが必要なく、「アート」というよりも「ロジック」の世界です。つまり、逆算してものを考えたり論理的な思考をしたりするのが得意な男性にとって、女性よりも得意分野だと思っています。

ドラッグストアやネットショップを見ればわかる通り、アイテムはかなり揃っています。いろいろな肌タイプ向けに無数の商品が販売されているので、自分好みのカスタムセットを完成させるのも容易です。

僕自身、スキンケアを取り入れていなかったときはお客様から「疲れてますか？」と何度も言われましたが、今では反対に「肌きれいですね！」に変わりました。思ったより人は他人の肌を見ているみたいです。

革靴を磨くように自分のケアをすること

そもそも、スキンケアでは「愛着を持ってメンテナンスをする」ことが鉄則だと考えています。

第2章でも紹介しましたが、革製品を例に考えると、革靴は履いていけばもちろん劣化しますし、たとえ履いていなくてもホコリが溜まったり、空気中の物質などで革が傷んだりしてきます。ですから、オイルを塗ったり、拭いたりと、「愛着を持ってメンテナンスする」のは当たり前だと思います。

すると、「劣化」とされていたものが「経年変化」という言葉に変わり、「味」を楽しんでいくものになりますよね。我々はそれに価値を感じ、育てていくのが楽しくなるのです。

スキンケアもこのプロセスとまったく同じで、ケアする対象が「自分」に変わっただけです。けれど、対象が自分になると恥ずかしくなったり、「自分なんて……」と謙遜してしまうケースが多く、非常にもったいないと感じます。もう今日からは、「愛着を持ってメンテナンスする」ことで、イケオジを目指して人生を豊かにしようじゃありませんか。

そもそもなぜ肌トラブルは起きるのか

最初に、肌の構造をサラッとお話しします。何となく理解するだけでもかまわないので、難しく考えずに見てください。

肌は皮膚表面の「表皮」内で常に細胞が生まれ変わっていて、この新陳代謝の働きを「ターンオーバー」と言います。表皮の最下層部にある基底層という場所で細胞が生まれ、どんどん表面に上がってきて、14日ほどで角質層に到達します。

そして14日後、肌表面に押し上げられた細胞はアカとなって剝がれ落ちていきます。この28日間のターンオーバーを正常に保つことが、肌をきれいに保つうえで重要なコツなのです。図8

このターンオーバーが乱れると、肌トラブルや毛穴の詰まりが起きてきます。ターンオーバーが乱れる原因は、食事や睡眠時間などが不規則であるほか、乾燥や紫外線といった外的要因の場合もあります。ターンオーバーの乱れの原因をつくらないためにも、スキンケアをして正常な状態に保つことが大切です。

つまり、生活習慣はご自身で整えていただくとして、大切なのは次の2つだけです。

・乾燥を防ぐこと
・紫外線を防ぐこと

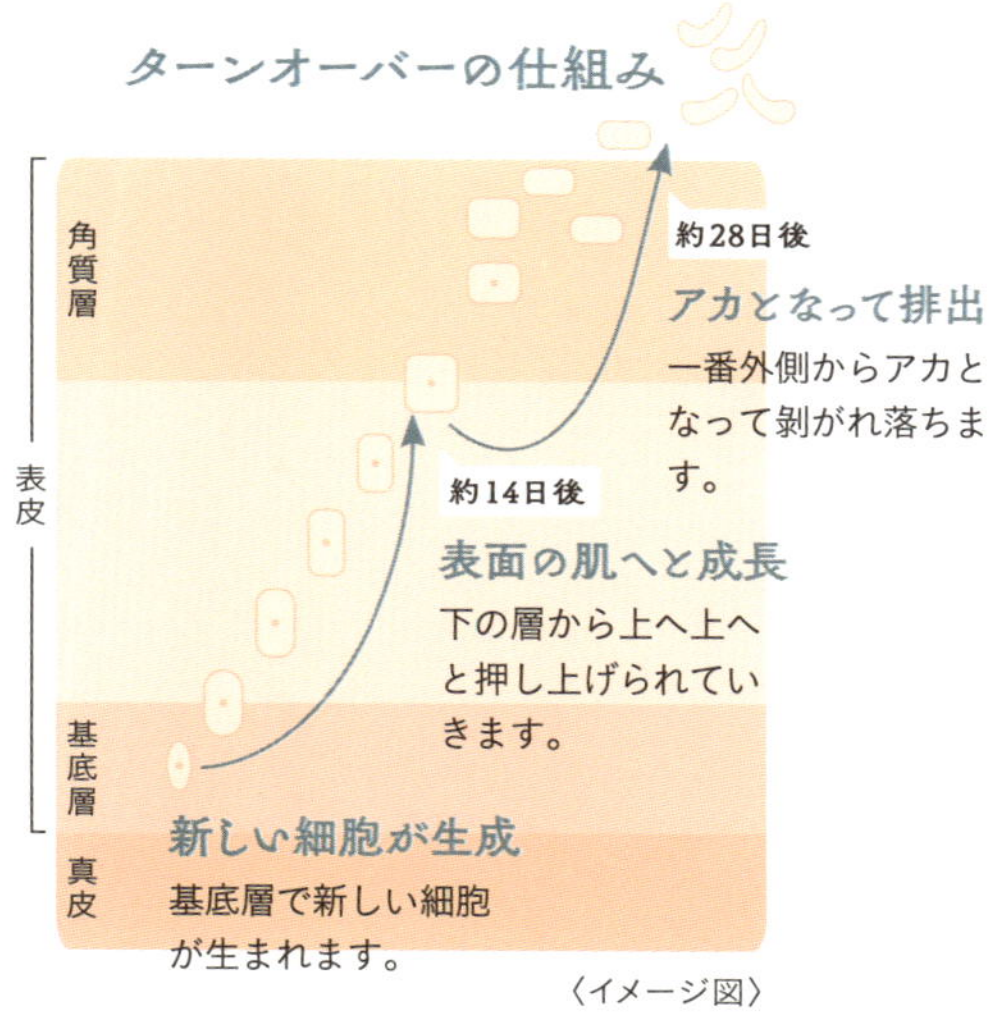

図8

この2つのケアを中心に紹介していきたいと思います。

初心者がまず集めるべきスキンケアアイテム

スキンケアと言っても、初心者の方はまずどんなアイテムを用意すればよいのか悩むところだと思います。アイテムを選ぶ前に、次の3つを知る必要があります。

- **必要なアイテムの用途を理解する（例：化粧水は何のために使うのかなど）**
- **自分の肌の悩みを知る（例：ニキビができやすいなど）**
- **自分の肌タイプを診断する（例：乾燥肌や脂性肌など）**

これらを整理してアイテムを購入すると、よりよい状態の肌に出会うことができるでしょう。やみくもにお金と時間をかけてももったいないので、入り口で大まかな方向性を見定めておくことが大切です。

それでは、まずスキンケアアイテムの種類と用途を説明していきましょう。

1 洗顔料

「同じ肌だしボディソープで洗っても一緒でしょう」と考える方もいるかもしれませんが、体と顔は皮膚の厚さが異なるため、ボディソープのほうが洗浄力が強いというのが一般的な考え方です。

僕もかつてボディソープで洗顔していた時代がありましたが、肌はパキパキで、明らかに「洗いすぎている感」があったのを覚えています。顔には洗顔料を使うのが基本です。

洗顔料は主に皮脂や古い角質などの汚れを落とす役割があります。

2 化粧水

洗顔料を使って顔を洗うと、さっぱりする半面、肌が突っ張ったり乾燥を感じたりしたことはありませんか？　洗顔料を使った後は、分泌された皮脂が洗い流されているために、一時的に乾燥状態になるからなのです。

肌の表面が乾燥している状態を放置しているとトラブルの原因になりやすいです。それを防ぐため、化粧水で保湿成分を補給して潤いを与えると、保湿することができます。

さらに、化粧水を付けることは、次のスキンケアアイテム（乳液）が浸透しやすくなる効果もあるのです。

洗顔の後は乾燥する前に化粧水を付けることが第1ステップと言えますね。

3 乳液

一般的に言われる乳液の役割は、油分を重ねることにより化粧水で補給した水分の蒸発を防ぐことです。乳液で油分を補えば、硬くなった角層が柔らかくなり、肌がより滑らかになります。

4 美容液

このラインアップの中でもっとも馴染みがないのが美容液でしょう。化粧水や乳液はベーシックなスキンケアですが、さらに「こうしたい」「この悩みを解決したい」というときに登場するのが美容液です。

ニキビや乾燥、美白などにアプローチする訴求成分が特化して入っているので、目的に応じてプラスワンで取り入れるとよいでしょう。

5 日焼け止め

まだまだ「男が日焼け止め？」と思う方は少なくないと思いますが、こちらはマストバイとして入れさせていただきます。

日焼け止めはシミやソバカスを防いだり、日焼けを予防するという効果が一番知られているため、多くの男性は「女性が美白のために塗るもの」と考えていると思います。

しかし、もう1つ、「光老化を予防する」役割も持っているのです。米国皮膚科学会の報告では、なんと肌の老化の約80％の原因が紫外線とされています。きれいで若々しい肌を目指すには、これを見逃さない手はないのではないでしょうか。

以上が、まず知っておくべきスキンケアの5点セットです。とは言え、世の中にはさまざまな種類の化粧品があります。ドラッグストアだけでも見切れないほど多種多様にあるのに、ＥＣサイトやデパートコスメ（高級品）を含めるととんでもない数になり、めまいがしてしまうほどです。

しかし裏を返せば、すべて細かく成分が違うわけですから、自分の肌の悩みや肌質に合わせてカスタムすれば、本当に自分に合ったスキンケア法が見つけられるはずです。

スキンケア選びは「肌質」を知ることから始まる

では、自分に合った化粧品はどうやって選べばよいのでしょうか。それはまず、自分の肌質を知ることが大切です。

肌質は大きく分けて4種類あると言われています。主に水分量と皮脂量で決まり、「普通肌」「脂性肌」「乾燥肌」「混合肌」と分類されます。図9

もちろん細かく見ると100人いれば100通りの肌があり、4種類だけの分類で収まるはずはないのですが、大まかに自分がどこに属しているかを知っておくだけでもスキンケア選びに大きく役立ちます。

【普通肌】

水分量と皮脂量のバランスが取れていて、肌トラブルが少なく、健康的な肌質です。肌の状態は季節や環境によって変化しがちなので、その時々によってどんなスキンケアを選べばよいか判断するのがベターです。普段は気になる部分がなくても、「冬だけ乾燥する……」といった場合などで対応していきましょう。

【脂性肌】

水分量、皮脂量ともに多く、脂っぽくベタベタしがちなのが脂性肌です。毛穴詰まりや毛穴の開き、ニキビなどのトラブルが起きやすいのが特徴です。

ベタつくからと言ってゴシゴシ洗ったり、洗浄力が強すぎるものを使うなど、過剰な洗顔には注意が必要です。肌に必要な皮脂まで取り除いてしまい、洗顔後に一時的に乾燥することで「皮脂をもっと出さねば！」と過剰に皮脂を分泌してしまう……といった悪循環にはまってしまいます。

後述する洗顔の鉄則を踏まえつつ、皮脂を抑制する成分が入ったものを選んだり、ベタベタした乳液はやめて、軽い質感のスキンケアアイテムを使用するとよいでしょう。

4つの肌質

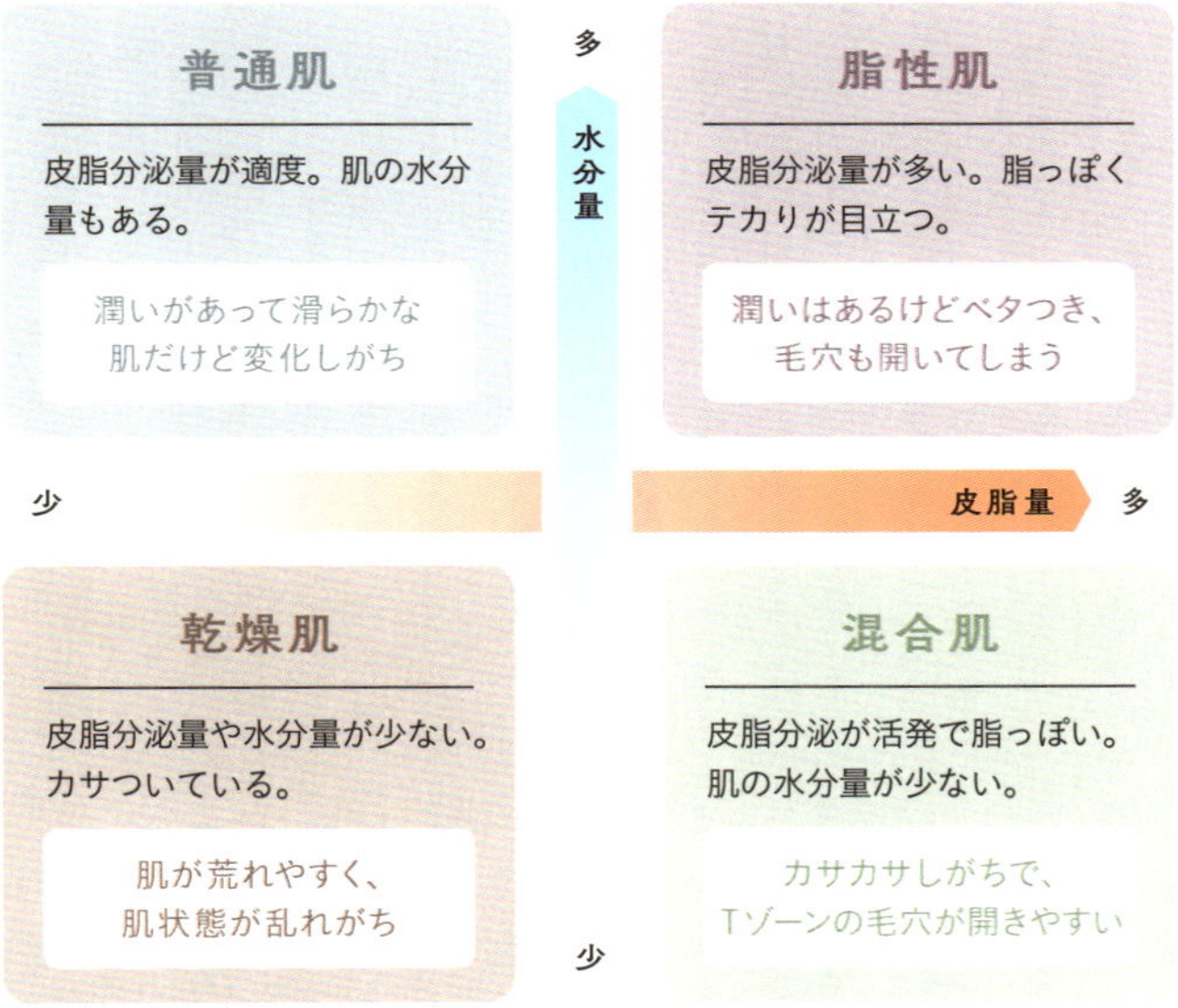
普通肌
皮脂分泌量が適度。肌の水分量もある。
潤いがあって滑らかな
肌だけど変化しがち
脂性肌
皮脂分泌量が多い。脂っぽくテカりが目立つ。
潤いはあるけどベタつき、
毛穴も開いてしまう
多
水分量
少
少
皮脂量
多
乾燥肌
皮脂分泌量や水分量が少ない。カサついている。
肌が荒れやすく、
肌状態が乱れがち
混合肌
皮脂分泌が活発で脂っぽい。肌の水分量が少ない。
カサカサしがちで、
Tゾーンの毛穴が開きやすい

図9

【乾燥肌】

水分量、皮脂量ともに少なく、カサカサした質感になるのが乾燥肌です。冬場、朝起きたら粉が吹いているなんてケースもあるでしょう。

脂性肌と比べて毛穴などはあまり目立たないのですが、バリア機能が低下しがちです。小ジワの原因となるだけでなく、カサつき、くすみも出やすい肌質です。

洗顔料はアミノ酸系など優しいものを使用し、保湿ケアは水分と油分をバランスよくとりましょう。乾燥がひどい場合は、乳液より油分の多いクリームなどを使うのもよいと思います。

【混合肌】

男性に多くの割合で存在するのがこの混合肌です。おでこや鼻周りのTゾーンは脂っぽく、頬や口周りは乾燥しているなど、部分によって肌質が違うケースです。逆の肌質が混在しているため、コントロールがしにくいのが難点です。

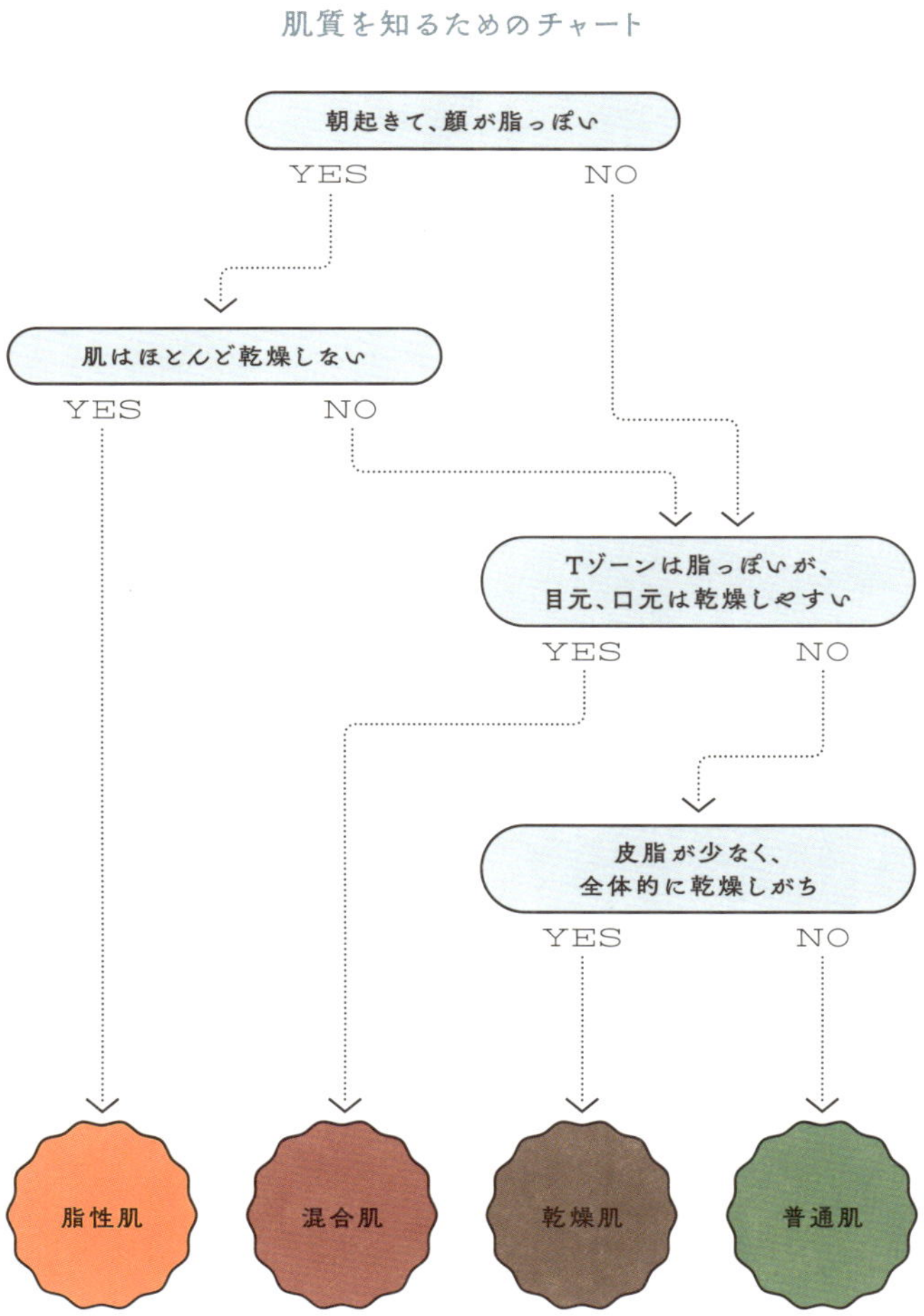
肌質を知るためのチャート
朝起きて、顔が脂っぽい
YES
NO
肌はほとんど乾燥しない
YES
NO
Tゾーンは脂っぽいが、
目元、口元は乾燥しやすい
YES
NO
皮脂が少なく、
全体的に乾燥しがち
YES
NO
脂性肌
混合肌
乾燥肌
普通肌

図10

脂っぽいTゾーンは水分をたっぷり補い、乳液などの油分は控えめに。頬や口周りの乾燥している部分はしっかり保湿するなど、部分によって塗り分けをするとよいでしょう。

自分の肌質は前頁のチャートを辿れば大まかにわかりますので、まずは1度試してみてください。図10

より詳しく肌質をチェックしたい方は化粧品売り場の美容部員に見てもらうか、メンズ専門のクリニックに行きましょう。髪の毛の相談を美容師にするのと同様に、餅は餅屋、プロにおまかせするのが一番です。

ニキビ予防には「ピーリング効果」を使え

皮脂が過剰に分泌されて毛穴に詰まり、その汚れをもとに菌が繁殖して炎症が起きるのがニキビです。過剰に分泌した皮脂は、肌の表面に放置されると酸化して炎症を起こしたり刺激になったりするため、丁寧な洗顔を心がけ、日頃から清潔な状態を保つことが大切です。

ただ、脂っぽいからと言って1日に何回も洗顔したり、ゴシゴシ洗うのは厳禁です。優しい泡で1日2回までを目安に行うことを推奨します。「ピーリング効果」のある洗顔料などを使い、しっかりと泡立てて優しく洗います。

なお、洗顔後は乾燥によってニキビができやすくなります。しっかり保湿をしましょう。

化粧品は「ノンコメドジェニック」と書いてあるものがニキビになりにくい設計になっているのでおすすめです。「皮脂を抑える成分」「ニキビの炎症を抑える成分」が入ったニキビ用の化粧品を選びましょう。

毛穴の黒ずみをケアするとっておきの方法

毛穴が目立つのが気になる方も多いと思いますが、これは肌のハリが低下してたるんだり、過剰な皮脂の分泌により汚れが溜まることが原因です。

僕は長年、鼻の毛穴の黒ずみに悩まされてきました。小学生の頃、遊び半分で「毛穴角栓パック」を何度も付けていたら毛穴に汚れが溜まり、詰まった状態が長年続いてしまったのです。

この毛穴の黒ずみ対策には、古い角質を分解する「酵素洗顔料」を使い、角質を溜めたり詰まらせたりしないようにします。肌の状態に合わせて、週1～2回ほど取り入れてみることをおすすめします。

毛穴が詰まりやすい鼻などには油分が多いクリームは塗らず、ジェルなど軽めの質感かつ保湿力の高い化粧品を使いましょう。さらに、ビタミンC誘導体などの「皮脂を抑える成分」「毛穴を引き締める成分」が入った化粧品を選ぶのもよいでしょう。

僕が圧倒的におすすめしたいのは、美容クリニックでの毛穴吸引です。毛穴吸引とは、吸引マシンを使って毛穴に詰まった汚れを吸い取る方法なのですが、この効果は絶大でした。

クリニックで定期的に吸引して徐々に毛穴の詰まりをなくし、なおかつ自宅でも先ほど紹介した酵素洗顔料や皮脂を抑制する成分の美容液を使うなどのケアをしていれば汚れが溜まりづらく、毛穴を引き締めていけます。

自宅で行える吸引器も売ってはいるのですが、刺激が強かったり、吸引後の処理が難しかったりするので、あまりおすすめはしません。クリニックならプロがそのときの肌の状態に合わせて行ってくれるので安心です。

疲れ顔の原因・クマを徹底的に予防する

よく疲れ顔の人を見かけますが、その際たる原因は「クマ」です。実はこのクマは、人によって種類が違います。

スマホやパソコンなどをずっと見続けることによる目の酷使や、寝不足などの血行不良による「青クマ」、紫外線を浴びたり洗顔時に擦ったりすることでメラニンが生成されることが原因の「茶クマ」、加齢により皮膚がたるみ、それが影になってできる「黒クマ」があります。

現代人は1日の中でスマホやパソコンの画面を見る時間が長く、仕事盛りの男性は特に「青クマ」の発生率が高いと言えます。

青クマ対策には血行を促進させることが一番です。目元をマッサージして血流をよくしたり、デスクワークの合間にホットタオルを目元に当てるといった対策を行いましょう。レンジでチンして温まるアイマスクの「あずきのチカラ」はかなりおすすめです。

茶クマの場合は色素沈着が原因なので、ターンオーバーを正常に促すためにも日々のスキンケアを意識するだけでなく、美白系のアイクリームを使ったり、目元の紫外線対策としてサングラスをかけるのも効果的です。目を擦る癖がある人は、その刺激が原因の可能性もあるので、なるべく擦らないように注意しましょう。

黒クマは加齢によるたるみなどが原因なので、肌にハリを与えることが重要です。コラーゲンが配合されたアイクリームなどでケアしていきましょう。

アラサーはスキンケアの意識を変えるべきか

20代、30代、40代と年を重ねるごとに、スキンケアをガラリと変える必要はあるのか。さまざまなところでこういった質問をよく受けます。

「年齢によってガラリと変える必要はない」というのが僕の答えです。

女性向けのスキンケアの解説を見ると、どの本やサイトにも「保湿！　保湿！」と書いてありますよね。女性にとっては、毎日化粧をして夜に化粧を落とすというプロセスがあったり、ホルモンバランスにより乾燥肌や敏感肌になるケースが多かったりするので、保湿が非常に重要なのがわかります。

もちろん男性にとっても保湿は確かに大事なのですが、それ以上に重要なのは「皮脂コントロール」だと考えています。皮脂分泌量を示した前頁の図を見てください。図11

男性の加齢による皮脂分泌量の変化は、グラデーションで減っていきます。大きく減らないのですから、「アラサーになったからアンチエイジングをしなくては！」と急ぐ必要はありません。むしろ、20代の頃と皮脂の分泌量が変わらない段階でアンチエイジングの保湿剤（油分が多めのアンチエイジング系アイテム）などを使うと、かえってベトベトしてしまう可能性があります。

そして、もう1つのポイントは、女性の皮脂分泌量は年を重ねるごとに大きく減っていくのに対して、男性では20代と60代を比べてもあまり大きく変化しないところです。
つまり、男性にとっては、年代によってガラリとスキンケアを変えるのではなく、徐々にアイテムを変えたり、足し引きしたりすることが大事だということです。そのアイテムを変える基準となるのは、年齢ではなく、むしろ季節や環境、自分の肌悩みと言えます。

年齢・性別の皮脂分泌量

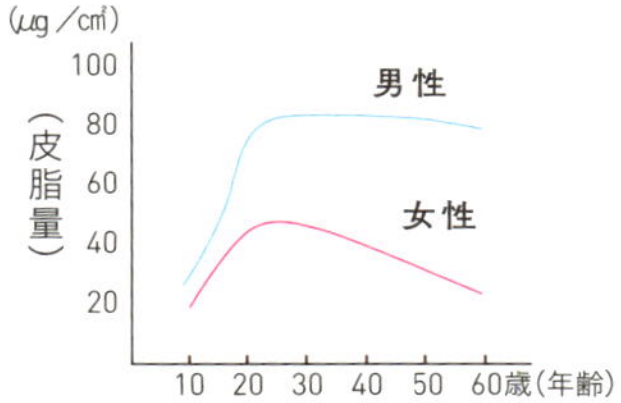

資生堂「男の身だしなみ」より

図11

個々人に合わせて最適なアイテムを使うという感覚を持っていたほうが賢いでしょう。

ズボラな人のための救世主「オールインワン」

さて、ここまでさまざまなスキンケアアイテムの紹介をしてきました。化粧水に乳液、美容液など揃えなければならないものも多く、ましてやそれらを毎日丁寧に使うことを考えると、ズボラな人は早くも「ハードルが高い……」と感じてしまうのではないでしょうか。

でも、大丈夫です。そんな人のための救世主が「オールインワン化粧品」です。オールインワン化粧品とは、その名の通り、化粧水・乳液、美容液などが１つになった魔法のようなアイテムです。洗顔をした後にこれを１回塗るだけで０Ｋなので、最高に楽チンです。

初めてスキンケアを取り入れる人は、「とりあえずの一歩」としてオールインワンを使うのはありです。それに毎日忙しい人も多いと思いますので、そんな人もぜひ使ってみてください。何もやらないより間違いなくいいです。

僕も朝が弱く寝坊常習犯なので、時間がない日のために常備してあります。とは言え、化粧水・乳液・美容液をそれぞれカスタムできないことによるデメリットもあります。

先ほどお話ししたように、季節の変化に合わせて使い分けができなかったり、肌悩みに対して細かくアプローチができないことです。「冬は頬や口周りの乾燥が激しいから、そこだけクリームを塗ろう」といった対策ができないので、スキンケアに慣れてきた人は各アイテムも研究して揃えるとよいと思います。

スキンケアのモーニング・ルーティン

基本的にスキンケアは朝と夜にするものですが、使用する製品や方法は特に変える必要はありません。朝と夜とで違うセットを準備していたらお金も手間も2倍ですから。最低限でかまいませんので、「自分に合った化粧品」をカスタムしていきましょう。

基本は同じものを使いながら、足し引きをして調整する方法で解説していきます。まず、スキンケアで準備するものは次の通りです。

- **洗顔料**
- **化粧水**
- **乳液**
- **美容液（必要であれば）**

・クレンジング（メイクをする人のみ）
・日焼け止め

それでは朝のスキンケアの手順を紹介しましょう。

①洗顔→②ヒゲ剃り→③化粧水→④乳液→⑤日焼け止め

ポイント1：朝も洗顔料を使ったほうがよいのか

これはよく質問を受けるのですが、かなりベタつくという方以外はする必要はありません。

夜のスキンケアの際は、外気やホコリ、日中の活動による汗や脂をきれいに落とすために洗顔料を使用することが大切なのですが、朝は寝ているあいだにかいた汗などを流せればよいので、大抵の方はお湯だけで問題ありません。その際、肌への刺激を少なくするために32度ほどのぬるま湯で洗うのがベストです。

ただ、脂性肌で朝ベタベタしているのが気になる方は、サッと泡を通して洗いすぎない洗顔を意識するとよいでしょう。

ポイント2：「ヒゲ剃りは肌によくない」は本当です

朝、ほとんどの方はヒゲ剃りをすると思うのですが、ご想像通り、刃を肌に当てることは肌によくありません。男性の肌トラブルの多くは、ヒゲ剃り中のダメージや、ヒゲ剃り後の乾燥によるカサカサやニキビです。

カミソリを使用する場合は必ずシェービングフォームを付けましょう。より優しく剃りたければ泡状のもの、ヒゲが見えたほうが剃りやすい場合はジェルでもかまいません。

大切なのは、ヒゲ剃り後に清潔なタオルで、擦らずポンポンと軽くたたくように拭き、すぐに化粧水などで保湿を行うことです。刃を当てたところは乾燥しやすく、乾燥はシワやたるみの原因にもなります。

ちなみに、生涯、ヒゲは必要ないという方は、医療脱毛を行ったほうがコスパ的にもよいのでおすすめです。個人差はありますが、1～2年ほど通えばヒゲを剃る必要がなくなりますし、カミソリとシェービングフォームを買い続ける必要がなくなります。

ポイント3：乳液を付ける・付けないは人それぞれ

「ベタベタするから」という理由で乳液を付けない男性も多いと思います。インターネットを見ると、乳液に関してのさまざまな意見が書かれているので、「結局どっちなの……」と困惑する人もいるでしょう。

僕の場合は額と鼻のいわゆる「Tゾーン」の皮脂分泌が激しく、ベタつくことが多いので、そこには乳液を塗らずに、化粧水のみで保湿しています。逆にヒゲ剃りをして乾燥しがちな口周りなどは油分を補い、より保湿された状態を維持することを意識しています。こういった方は男性に多いのではないでしょうか。

要は「人それぞれ」のやり方があり、鏡の前で自分の肌を観察することが大事だと考えます。かくいう僕も長らく顔全体に化粧水と乳液を塗っていましたが、

「口周りはつっぱるから油分を入れよう」「鼻だけベトベトが気になるから油分を抜こう」と日々「見ためＰＤＣＡ」を回すことで、最適解を見つけることができました。

スキンケアをした10分後や1時間後、どういう感覚なのかをぜひ研究してみてください。

ポイント4：日焼け止めは朝のスキンケアで必須！

朝のスキンケアに必ず入れてほしいものは「日焼け止め」です。

繰り返しにはなりますが、まだまだ日焼け止めは「女性が美白のために塗るもの」というイメージがあります。けれど、実はそんなことはありません。紫外線は、シミやソバカスの原因になるだけでなく、肌のハリや弾力の低下、水分が奪われることによるカサつきや、くすみにもつながります。今後は女性だけでなく、男性も将来を見越して日焼け止めを塗るべきです。

1日中外出する日は、朝に日焼け止めを塗るだけでなく、2〜3時間おきに塗り直すとさらに効果が期待できます。

とある60代の元男性アイドルの方は、週刊誌で次のように掲載されていました。

「真夏でも腕までの服、サングラス、マスク、日傘と紫外線対策が完璧」

その方は写真で見る限りマイナス20歳くらいの肌年齢なので、準備と対策の賜なんだと感心しました。

日焼け止めの目安は「SPF30」「PA++」

どの日焼け止めにも「SPF」と「PA」という2つの数値が記載されています。

SPFは「Sun Protection Factor」の略で、紫外線の種類の1つであるUVB(紫外線B波)をどれくらい防げるかの数値です。UVBは肌に赤みや炎症を起こさせ、黒化につながります。数値が高いほどUVBを防御する効果は高く、

「1」から「50+」で表記されています。

PAは「Protection Grade of UVA」の略で、もう1つの紫外線の種類であるUVA（紫外線A波）をどれくらい防げるかの数値です。UVAは一時的な黒化を起こし、長時間かけて肌の弾力を失わせます。PA数値は「+」のマークで表示され、この数が多いほどUVAを防御する効果は高く、「+」から「++++」までの4段階で表示されます。

この2つの指数を見て、場面や環境によって使用する日焼け止めを選びます。

「とりあえず強いのを使っておこう！」と考える男性は多いと思いますが、強いものは肌への刺激も強く、ものによっては質感が重いのでベトッと塗っている感がある場合もあります。

日常生活では、「SPF30」「PA++」程度の指数があれば十分です。もし海外リゾートや夏フェスなど日差しが強い場所に行くならより強いものを使ったほうがよい場合もありますが、僕は「強すぎず」「サラッとした質感で」「塗った部分が白くならない」日焼け止めをおすすめします。

日焼け予防としてサングラスをかけよう

サングラスをかけることも紫外線対策になるので、特に夏場は持っておくとよいでしょう。単純に、目の周りの皮膚は薄く繊細な部分なので、紫外線カットのサングラスで守ることができます。

さらに、目から強い紫外線を察知すると、脳が「日差しが強いから、メラニンをつくって身体を守らなくては！」と反応し、目から日焼けを起こす可能性があるという研究結果もあります。サングラスやメガネも、紫外線カットのレンズを入れて対策していきましょう。

僕はファッション要素というよりも紫外線対策の用途でサングラスをかけるようになりました。

スキンケアのナイト・ルーティン

さて、今度は夜のスキンケアを紹介していきましょう。

手順は次の通りです。

①クレンジング→②洗顔→③化粧水→④美容液→⑤乳液

ポイント1：メイク落としは素早くサッと

メイクをする人は、洗顔前にクレンジングを取り入れましょう（メイクについての詳細は第4章で紹介します）。

クレンジングは洗顔料と違い、メイクなど油性の汚れを落とすのに必要です。

ただ、軽めのBBクリーム（詳細は第4章）をサッと塗るだけなら、洗顔料を使えばほとんど落ちてしまうことが多いです。BBクリームを購入する際に「洗顔で「ＯＫ」と書かれたものを選ぶと、夜のスキンケアは少し楽になります。

クレンジング剤には洗顔料より界面活性剤が多く含まれており、洗浄力が強い一方、決して肌によいものではありません。種類もさまざまで、洗浄力の高い順に、①オイルクレンジング、②ジェルクレンジング、③クリーム・ミルククレンジングとなります。

オイルクレンジングは、女性が濃いメイクをしたところにポイントで使うような洗浄力の強いものが多いので、ほとんどの場合はジェルやクリームで優しく落とすことを推奨しています。メイクを落とすからと、しっかりガシガシとクレンジングをするのではなく、素早く丁寧に行うのがコツです。

ポイント２：美容液は肌悩みとのマッチングが重要だ

美容液とは何かと言うと、特定の悩みやニーズに特化した美容成分が配合された「スペシャルケア」のようなポジションです。化粧水や乳液はベーシックなスキンケアであり、さらに「こうしたい」「この悩みを解決したい」というときに使用するのが美容液です。

たとえばニキビに悩んでいる方だったら、炎症を抑える作用のある「ビタミンC誘導体」を配合した美容液を使うなどです。

とは言え、求めている美容成分や有効成分が化粧水や乳液にすでに配合されているケースもあります。必ずしも「美容液だから美容成分が化粧水や乳液より多く配合されている」というわけではなく、「他メーカーの化粧水のほうが多く配合されていた」なんてこともあります。

美容液を取り入れる際は「自分の肌悩み」と「その悩みに合った美容成分や有効成分」をマッチングさせ、お使いの化粧水などとのバランスを見て選ぶようにしましょう。求めている成分が化粧水や乳液などにすでに配合されている場合などは、無理に取り入れる必要はありません。図11

なお、有効成分とは「肌荒れ・荒れ性」「ニキビを防ぐ」「日焼けによるシミ・ソバカスを防ぐ」「皮膚の殺菌」などに効果が期待できる成分のことです。有効成分が配合されたものは「医薬部外品」となり、「薬用」とも表記されます。

ポイント3：シートパックは気持ちいいけど冷静な判断を

シートにたっぷりの化粧水や美容液が配合されたものを「シートパック」と言います。特別ケアの一種であり、インスタグラムを見ているとモデルさんなどがこぞって使用しているので、気になる方も多いかと思います。

シートパックのメリットは「化粧水や美容液が普段使う量より贅沢に浸透して

悩みと美容液のマッチング

肌の悩み		おすすめの美容液
ニキビが気になる人	＞	グリコール酸、サリチル酸、ビタミンA、ビタミンB、ビタミンC
皮脂を抑制したい人 毛穴の広がりが気になる人	＞	ビタミンA、ビタミンB、ビタミンC
乾燥を防ぎたい人	＞	セラミド、ヒアルロン酸、ヘパリン類似物質、アミノ酸、プロテオグリカン

図11

いる」こと、「パックが肌に密着することにより、いっそうの浸透が期待できる」ことです。使った後は肌が「ツルツル」「もちもち」になっているのが気持ちいいんですよね。

パックを選ぶ際も美容液と考え方は似ています。自分の肌悩みに合った美容成分等が配合されているものを選びましょう。

ただ、パックの気持ちよさにハマってしまうと、贅沢感から毎日使ったり、付けっぱなしにしてしまう人もちらほらいらっしゃいます。

使用頻度はパックの説明に書いてある通りをおすすめします。毎日やっていても期待した効果を得られない場合もありますし、安い美容アイテムではないので効果がないならもったいないです。

使用時間も規定の時間を守りましょう。パックを付けっぱなしのまま乾いてしまうと、逆に肌の水分を吸収してしまい、肌が乾燥してしまうこともあるので注意です。

パックと言っても、化粧水や美容液が染み込ませてあるシートです。もしいつものの化粧水や美容液がお気に入りなら、それをより肌に密着させればよいのではと思う方もいらっしゃると思いますが、その通りです。

いつもより多めに化粧品を含ませたコットンを薄く割いて顔全体を覆ってみましょう。密着度も高く、ひんやり気持ちいいので、これでも理論的にはＯＫです。ですが、先述の通り、乾くと逆効果の可能性もあり、しかもコットンは乾きやすいので注意が必要です。

意外と知られていない「洗顔の鉄則」

ユーチューブのルーティン動画やスパ施設などで男性の洗顔方法を見ていると、「ガシガシ洗いすぎ」という印象があります。

男性がスキンケアで一番、重要視してほしいのは洗顔です。なぜかと言うと、皮脂を奪いすぎて乾燥したり、刺激を与えてしまったりと、何かと気をつけるべきポイントが多いからです。

さらに、顔は体より皮膚が薄いうえに皮脂の分泌が多く、繊細な手入れが求められるのです。

まず前提として、スパ施設などでは洗顔しないほうがよいです。スキンケアセットや洗顔料、泡立てネットを持っていけるなら問題ないのですが、備え付けのものを使うのはやめておきましょう。スパ施設では気持ちいいお風呂に入って、洗顔はお家に帰ってから万全の状態でしていただきたいです。

自分に合った洗顔料と、最低限の知識を持って、毎日の洗顔をしていきましょう。洗顔の方法についてはここで詳しく紹介します。

ポイント1：肌への刺激を防ぐため「泡で洗う」

以前の僕はクリーム状の洗顔料を手に取り、「これ、全然泡立たないじゃん……」と思いながらワックスのように手のひらで伸ばし、顔に塗ってゴシゴシ洗っていました。「泡立てる方法」がわからなかったですし、「泡立てるメリット」

なんて考えてもいませんでした。

泡で洗う最大のメリットは「擦らない洗顔ができること」です。手で顔面を擦ると物理的な刺激が炎症につながり、くすみや肌トラブルの原因となります。泡立てることで柔らかいクッションができ、泡を転がすようにして洗顔をすれば、擦らず優しい洗顔が可能になります。

泡立てるためには、迷わず泡立てネットを購入しましょう。少量の洗顔料でもキメの細かい泡を立てることができます。そして、水やお湯を含ませて泡立てると、洗浄力もよりマイルドになり、肌に優しいです。図12

図12

体を洗うときと同じ要領で、泡立てネットに洗顔料を付け、手で擦ります。

↓

泡立てネットから泡だけを抜き取ると、この状態になります。あとはこの泡で顔を擦らずに洗いましょう。

ちなみに、手で泡立てるには相当な手さばきと水分コントロールのテクニックが必要です。慣れないうちは、数百円で買えますので、泡立てネットを購入することをおすすめします。

ポイント2：熱いお湯は厳禁、ぬるま湯が基本

皆さん、お風呂やシャワーの温度はどれくらいでしょうか？

多くの方は40度程度かと思いますが、体を流す40度のシャワーでは、肌への刺激が強い可能性が高いのです。

コスメのメーカー「ディセンシア」の調査によると、「42度の熱いお湯で洗顔をすると、皮脂などの汚れは落ちやすいが、その後の水分蒸散量が高いため乾燥しやすい」「反対に25度のお湯の場合、水分蒸散量は低いが、汚れが落ちづらい」という結果でした。

そのため、洗顔するのに一番バランスのよい温度は32度前後としています。32度とは体感的にどれくらいかと言うと、「冷たい寄りのぬるい」です。

洗顔をするときは温度設定を変えてから流すようにしましょう。

ポイント3：水圧の調整が「洗顔の良し悪し」を分ける

夜、お風呂で洗顔をする方も多いと思います。そのとき、先ほどの温度設定とともに気をつけてほしいのは、シャワーの水圧です。

ものによっては水圧が強く、物理的な刺激になってしまうシャワーヘッドもあります。体を洗うときとは水圧を変えて、当たり方が柔らかく感じる程度に弱めて流すとグッドです。

ポイント4：洗顔は「お風呂後」に行うと意識が変わる

僕はお風呂後に洗顔をしています。そもそも「見ためPDCA」を回すうえで、最重要事項がこの洗顔の時間です。

男性が頻繁に見ない鏡を目の前にして、ありのままで無防備な顔面と向き合う唯一の時間でしょう。鏡の前に立つとき、自惚《うぬぼ》れている時間はありません。「観察」

「改善」「研究」です。

年齢やライフスタイル、季節の変化などによって肌の状態は変わります。今やっている洗顔方法やスキンケアが、最善ではなくなっている可能性もあるのです。やみくもに行う洗顔やスキンケアは嫌々やらされる仕事と一緒で価値を持ちません。自分という商品のキモがあなたの顔ならば、こだわることはまったく恥ずかしいことではありません。そう思い、僕は「お風呂後洗顔」を選びました。

これは、「顔だけ特別扱い」をすることで、手間をかけてきれいにさせるという、こだわる脳をつくるための準備に近いです。

お風呂で洗うとき、髪・体・顔に優劣はありますか？　ほとんどの方は一連の作業として行うと思います。ですが、一連の作業として行うには課題が多すぎるのが顔です。

何度もお伝えしている革製品も同じです。普通の衣類は洗濯機でいっぺんに洗えますが、革小物はオイルを塗ったり磨いたり、状態を見ながらメンテナンスを行うからこそ、こだわりも出てきますよね。

顔もそれほどのこだわりを持ってメンテナンスを行うべき部位です。一度、騙されたと思って、お風呂後洗顔を鏡の前でしてみてください。新たな発見とこだわりが出てくると思います。

ポイント5：タオルは常に清潔なものを使うこと

洗顔後、顔を拭くタオルは常に清潔なものを使うように心がけましょう。湿った状態で放置されたタオルは雑菌が繁殖しやすいですし、嫌な臭いがすることもあります。

僕は小さなハンドタオルを10枚セットで購入し、1回使ったものは洗濯をしています。使い捨ての顔拭きペーパーもおすすめです。とにかく清潔なもので拭くことが重要です。

拭くときも洗顔料のときと同様、擦ると刺激を与えてしまうので、顔に優しく当てて吸収させるように拭きましょう。

ポイント6：洗顔後の感覚で自分に合っているかがわかる

洗顔をした後、突っ張るような感覚がないか、逆にまだベトつく感じがしないかを確認しましょう。

突っ張るなら、洗顔料で脱脂しすぎて乾燥ぎみになっている可能性がありますし、ベトつけば洗浄力が弱く洗い足りていない可能性があります。洗い終わった状態を確認するまでが洗顔ということですね。

スキンケアのための僕の「5ルーティン」

さて、この章の最後には、僕が肌の清潔感を保つために行っている5つのルーティンを紹介したいと思います。習慣にするのは簡単なことではありませんが、毎日の積み重ねにすることで、明らかに肌がきれいになり、自己肯定感も上がりました。皆さんなりのルーティンを決めて、習慣化を目指しましょう。

ルーティン1：鏡の前で「見ためPDCA」を回す

これはここまでで何度かご紹介しましたが、大人男子の身だしなみの基本の「き」であり、僕の清潔感はここから始まります。

スキンケアにとって、まず鏡の前で自分の肌の状態を知ること、そして改善していくことが一番大切だと考えています。

お風呂の曇った鏡の前では洗顔せず、お風呂後に洗面所の鏡の前で洗顔をして肌の状態をチェック。そして、化粧水を手で浸透させながら肌の質感をチェック。このコッソリ「自分を見る時間」をつくることがとても大切です。これを朝・夜の2回、毎日繰り返すことで自分の肌への理解がグッと深まります。図13

ルーティン2：日焼け止めは「365日」塗る

肌の老化の原因の8割は紫外線によるものというお話をしましたが、そうとわかれば、これを防がない手はないでしょう。「夏だから紫外線対策しなきゃ！」ではなく、対策は365日行うべきだと考えています。

曇りの日でも紫外線量は多いですし、晴れの日に窓際の席で仕事をしていると、通常のガラスなら70％ほど紫外線を通してしまいます。「夏だから」という意識を変えることがまず大事だと思います。

ルーティン3：整腸剤を飲んで腸内環境をよくする

僕は非常にお腹が弱く、すぐ下してしまったり、腹痛によってストレスが溜まることがよくあります。こういった方は僕だけでなく、日本人男性には多いのではないでしょうか。

食生活に気をつけていても、常に下していたらあまり意味がないので、毎日欠かさず整腸剤を飲んでいます。腸が活発に活動していると体調もよいですし、美肌にもつながっています。

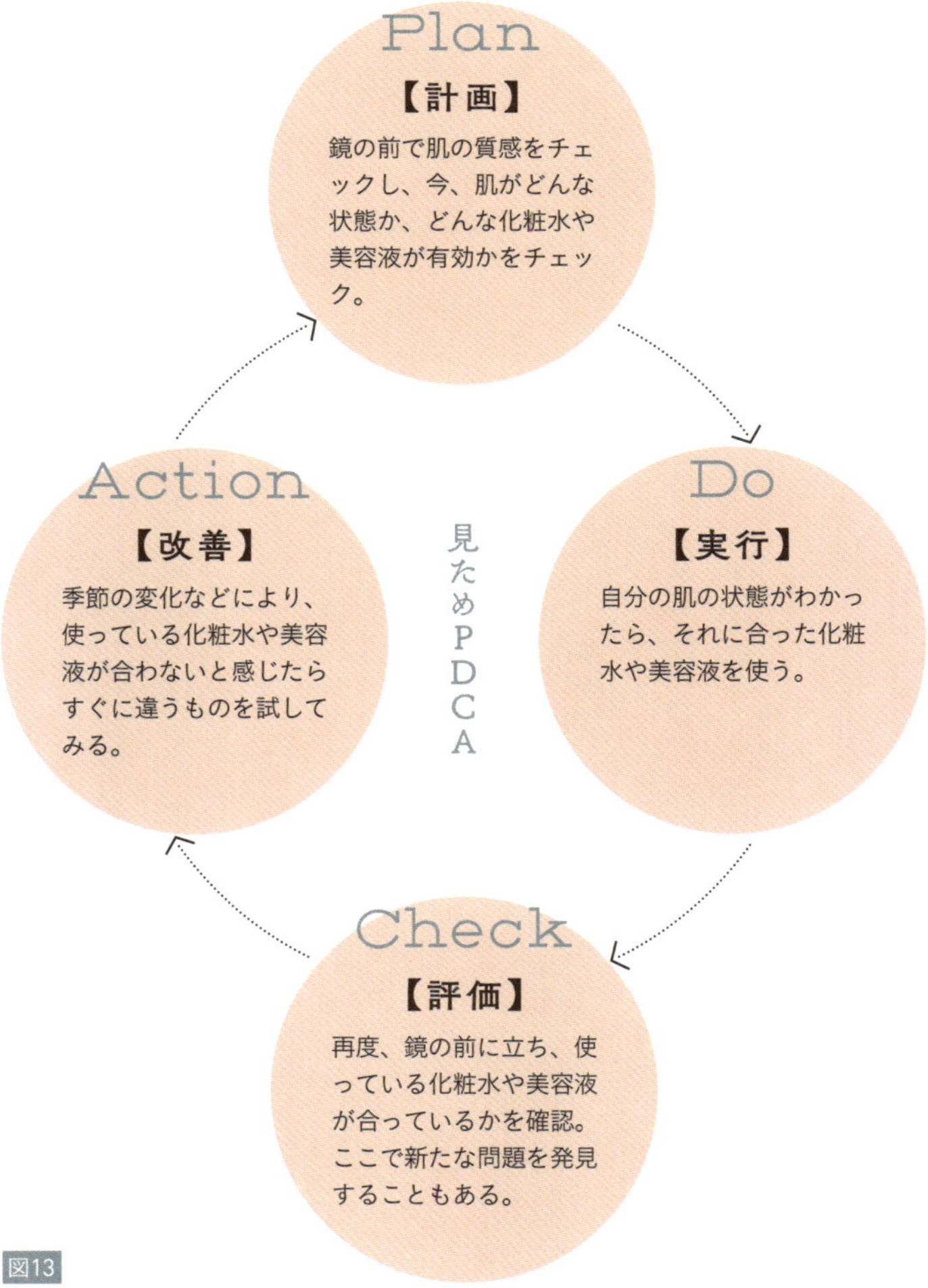
Plan
【計画】
鏡の前で肌の質感をチェックし、今、肌がどんな状態か、どんな化粧水や美容液が有効かをチェック。
Do
【実行】
自分の肌の状態がわかったら、それに合った化粧水や美容液を使う。
Check
【評価】
再度、鏡の前に立ち、使っている化粧水や美容液が合っているかを確認。ここで新たな問題を発見することもある。
Action
【改善】
季節の変化などにより、使っている化粧水や美容液が合わないと感じたらすぐに違うものを試してみる。
見ためPDCA

図13

ルーティン4：肌によい「ビタミンC」を毎日摂取

「ビタミンCは肌によい」と何となく聞いたことがある人は多いと思います。ビタミンCは「紫外線に負けない肌になる」「ニキビを改善させる」「開いた毛穴が小さくなる」など、肌にとってよい効果がたくさんあります。

僕は毎日、ビタミンC誘導体が配合された美容液を使うだけでなく、サプリメントでビタミンCを摂取しています。

ルーティン5：肌を擦らないよう「上を向いて」寝る

洗顔料を顔に塗った後や、タオルで拭くときに、あんなに「擦らないで！」と言っておきながら、実は僕はうつ伏せで寝るのが癖で、「毎日、7時間擦ってるな……」という事実に気づいてしまいました。

上を向いて寝ることは姿勢にもよいですし、顔を擦ったり圧迫したりしないので毎日意識するようにしています。

Chapter 4

見ためのマイナスを補正する自然派「メンズメイク」

メンズメイクはスキンケアの延長線上

さて、スキンケアの次はメイクのお話です。メンズメイクと聞くと、何となく抵抗がある人がほとんどだと思います。

今ではビジネスにもプライベートにも欠かせない道具となったメイク用品ですが、僕も数年前までは毛嫌いしていました。男性のメイク姿を見るとビックリして、少し引いてしまっていたのです。旧型の思考回路を持っていた僕は、男性のメイクを受け入れられませんでした。

20代後半になり、仕事にも脂が乗ってきた頃、没頭しすぎてオーバーワークになってしまう時期がありました。

そのとき、やはり言われてしまうのはここまで何度か紹介した「今日、疲れてますか？」という言葉です。「あれ、顔に出てる？」と思い、鏡を見てみると、確かに想像よりもクマが深く、ゲッソリと老けた自分が立っていました。しばらくのあいだ、自分の顔をゆっくりと見ていなかったので、時の経過（もう若くない……）と「アラサーになると疲れが顔に出るんだ」とつくづく理解しました。

「自分が商品になる」という意識は当時からあったので、「この疲れ顔を治さないとお客様の前に立てない」と、ネットで必死に検索をしました。

寝不足やパソコンの見すぎによるクマ（青クマ）、長時間空調に当たることによる肌の乾燥、栄養不足や睡眠不足によるニキビ……。改善したいところは山ほどあるのですが、スキンケアを頑張るには時間がかかりすぎると感じました。

「すぐ明日にでもお客様にいい顔で会いたい！」

そこで手に取ったのが、男性用のＢＢクリーム（ファンデーション）でした。

その効果は絶大です。塗って数秒で顔に覇気が出たので、「これはなんというチートアイテムなんだ！」という感動とともに、メイクとスキンケアを並行して行うことを決めました。

見ための衰えを修正するメイクの新しい価値観

僕がそれまで想像していた「メンズメイク」は、20代前半の男性がしているような韓国アイドル風メイクや、ポップでアメリカンなメイクでした。そういったメイクの楽しみ方は女性と似ていて、「美しく」「きれいに」という意味合いを含んでいます。

ですが、僕が疲れ顔を打破するためにBBクリームを塗ったのは「ただの修正」です。化粧をしているとは微塵《みじん》も思っていませんし、目的も「清潔感がほしい」という単純明快なものです。ここに、新しい価値観が誕生しました。

「修正する身だしなみメイク」という、スキンケアの延長線上にあるメイク。肌の補正、肌印象の修正をするのが、僕ら大人がすべき新しいメイクの形だと考えます。

初対面での印象を高める「ＢＢクリーム」

そんな身だしなみメイクは、化粧ポーチをパンパンにするほどの道具はいりません。たった３つの道具があれば、十分、清潔感を手に入れることができます。

１つめに紹介するのは、先ほどの「ＢＢクリーム」です。ＢＢクリームとは、１９６０年代にドイツの皮膚科医が、患者のピーリングや手術後の皮膚を保護するために処方するようになったものです。現在では化粧品として多くのメーカーが生産していますが、もとは韓国でファンデーション代わりに使う女性が増えて流行しました。

どういった成分が入っているかと言うと、「化粧下地」「日焼け止め」「ファンデーション」。それらの効果が１つになっており、簡単に言うと「肌色補正をしてくれる日焼け止めクリーム」という感じです。

最近ではメンズコスメ市場も発達しており、メンズ用のBBクリームがとても増えました。女性は自分の肌よりワントーン明るく、いわゆる美白効果のあるものを使うことが多いと思いますが、男性はトーンキープ、もしくはワントーンダウンくらいが肌の調子をよく見せてくれます。もともと色白な人でない限り、男性用のBBクリームを使ったほうが肌馴染みがよく、バレにくいつくりになっているのでおすすめです。図14

ひと口にBBクリームと言っても、各メーカーのものを見比べると、面白いほど色味や質感が違います。肌に馴染みやすいベージュ系、青クマや青ヒゲをカバーできるオレンジ系、やや暗めでこんがり肌にも馴染むダークトーン。質感も、コッテリとカバー力が高いものもあれば、うっすらと付けられる緩めのものもあるのです。その中で初心者の方に試していただきたいのは「ベージュ系」で、緩めの質感のものです。

ニキビや深めのクマをシャットダウンできるカバー力はないものの、細かい毛穴のカバーや、健康的な肌色補正をしてくれますし、何よりバレにくいです。

僕は普段「ベージュ系＋緩めの質感」のＢＢクリームを使っていますが、バレたことは１度もありませんし、「塗ってるんだけど、わかる？」と聞いても、「わからない！」と言われるほどです。

そんな微妙な差で意味があるのかと思うかもしれませんが、大いにあります。実年齢より３歳若く見え、清潔感を増してくれるのです。何事もやりすぎは嘘くさいので、初手におすすめしたいアイテムです。図15

図14

BBクリームは「ルオモナチュラルBBジェル」。毛穴や色ムラを補正してくれるほか、乾燥や肌荒れを防いでくれるのもポイントです。

第一印象の見栄えを変える「アイブロウペンシル」

2つめに紹介するのは「アイブロウペンシル」です。アイブロウペンシルとは、眉毛を書くためのペンです。さまざまな種類がありますが、男性におすすめなのはペンとスクリューブラシが一体型になったものです。図16

メンズ専門の美容サロン「イケメン製作所」によると、第一印象における目元の割合は27％もあるそうです。確かに、人と初めて会ったときに目以外を見るほうが珍しいですよね。

その目の印象をグッと変えてくれるのが、眉毛の存在です。眉毛のお手入れをしたうえで、アイブロウペンシルで描き足すという作業は、切った髪にワックスを付けるようなものです。

BBクリームの塗り方

図15

1

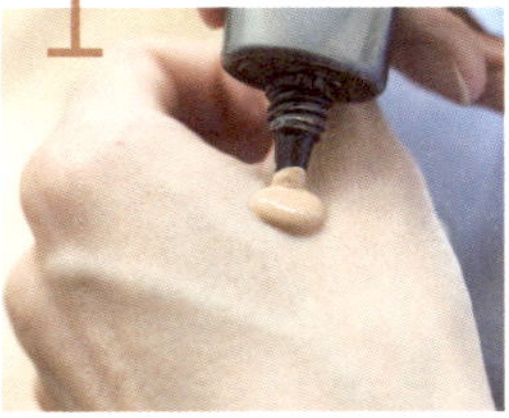

親指の根元のくぼみあたりに、少量のBBクリームを付けます。

2

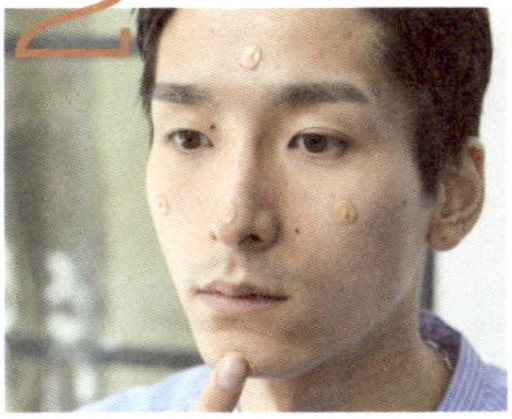

そのクリームを、額・鼻の上・両頬・顎の5カ所に付けて伸ばします。

3

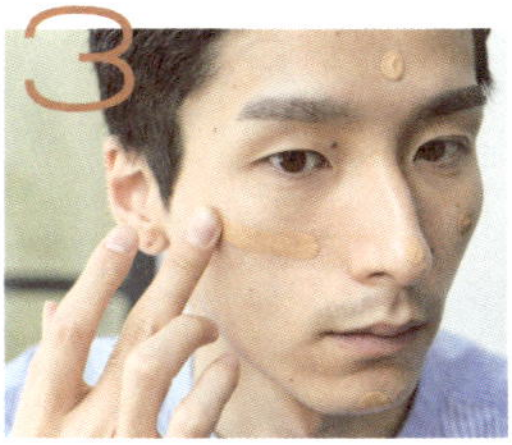

内側から外側に向かってクリームを伸ばしていき、肌になじませます。

4

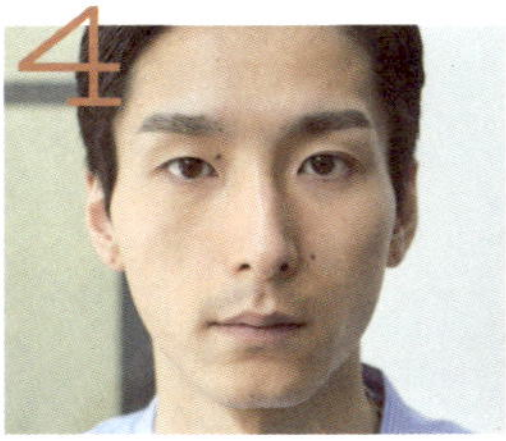

5カ所すべてを肌になじませた状態です。

5

手のひらで包み込むようにプレスし、フィット感を出します。

6

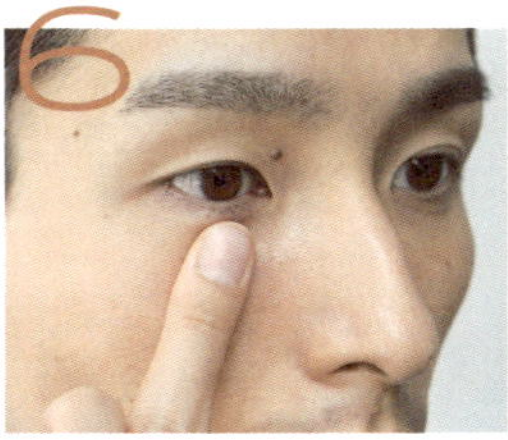

目の下など、足りないところをポイントで補います。

まず眉毛の手入れを定期的に行いましょう。眉間に毛が生えていたり、眉毛の周りに無駄毛が生えていたり、毛足が長すぎてボサボサになっている方は、今すぐアマゾンで眉カットセットをポチってほしいです。

庭や店内と一緒で、手入れが行き届いていないと一気に価値が下がります。眉毛も毎日見える部分だからこそ、定期的な手入れがマストな部分です。

眉毛の形を整えたところで、鏡の前で観察をしてみてください。眉毛に、濃さのバラつきはありませんか？　ほとんどの方があると思います。

そこで、アイブロウペンシルが登場します。薄い部分に、1本ずつ植え込むようにペンで色を足していきます。塗り絵のようにグチャッと塗るのではなく、1本1本植えるのです。

描き終えたら、反対側のスクリューブラシでボカしていきます。1本1本書いた線を指先でボカして「影」を付けていく。メンズメイクにおけるアイブロウペンシルは影を付けるのに等しく、バレにくくナチュラルで印象のよい眉毛をつくり出してくれるのです。図17

アイブロウペンシルの使い方

1

図17

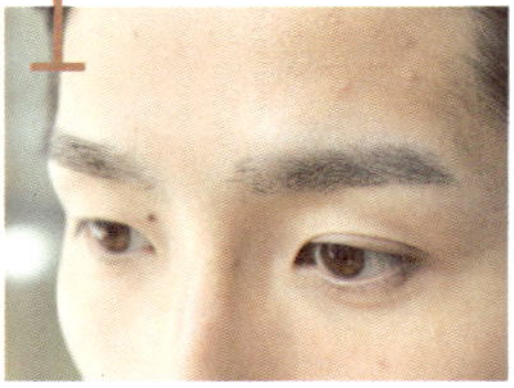

まずは眉毛を均等な長さになるように整えます。

↓

2

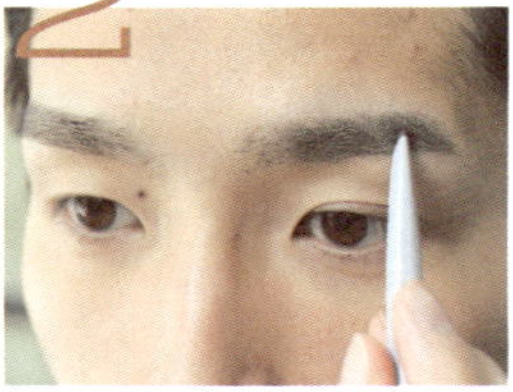

グチャッと塗るのではなく、1本1本植え込むようにペンシルで書いていきます。

↓

3

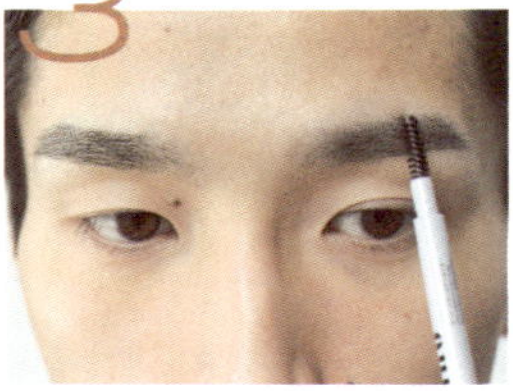

書き終えたら反対側のスクリューブラシに持ち替えて、なじませていきます。

図16

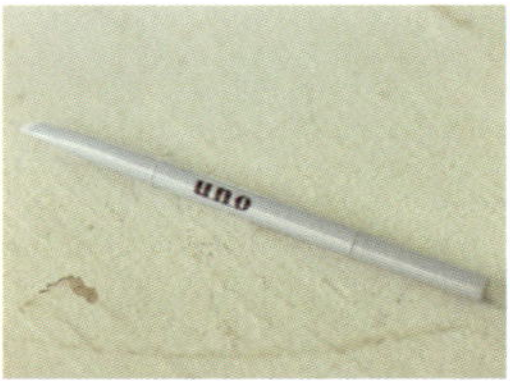

アイブロウペンシルは、uno(ウーノ)の「バランスクリエイター」を使用しています。ペンは細い部分・太い部分に対応でき、反対側のスクリューブラシでなじませることができます。

ちなみに、眉毛の形に関してはやはり1度プロにまかせるべきだと考えています。髪の毛で言う「ツーブロックの自宅メンテナンス」が、眉毛で言うところの「無駄毛処理」です。

そして自分に似合う眉の形や、目的の形にするには、やはり眉毛サロンや、先ほどお伝えした「イケメン製作所」などプロがつくるべきだと考えています。僕も長年自分で整えていましたが「大人っぽい眉毛にしたい」と思い立ち、1度眉サロンで整えてもらいました。そこからは日々のメンテナンスを自分でしつつ、形が崩れすぎたらまたサロンに行って整えるというサイクルです。

メンズが得意な美容室やバーバーでは、髪の毛と一緒に施術してくれるケースも多いので、そういった店舗で相談してみるのもありです。

ちなみに、「イケメン製作所」では、なりたいイメージによってこれだけ理論的に眉毛をつくってくれます。図18

「30代イケメン」俳優の平均顔

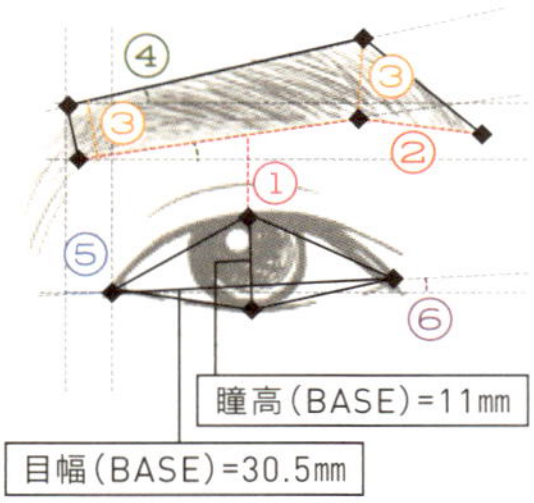

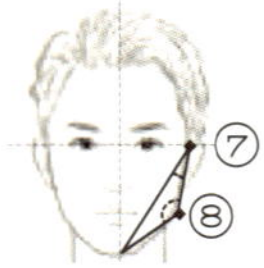

眉デザインの基準と特徴	
目幅(BASE)=30.5mm　瞳高(BASE)=11mm	
①目と眉の距離	9mm(瞳高の84%)
②眉毛の長さ(眉下1+2)	長い(目幅の153%)
③眉の太さ	最小6.3mm 最大8.5mm(瞳高の77%)
④眉の角度	眉上12.5°　眉下10.5°
⑤眉毛開始位置:目頭+	5.5mm
眉毛のライン	ソフトL眉
眉毛の濃さ	やや濃い
眉間の距離	やや近い
眉の輪郭	ハッキリ
⑥眉の角度	3°
⑦眉の角度	22°
⑧エラ角度	136°

「エリートビジネスマン役が似合う」芸能人の平均顔

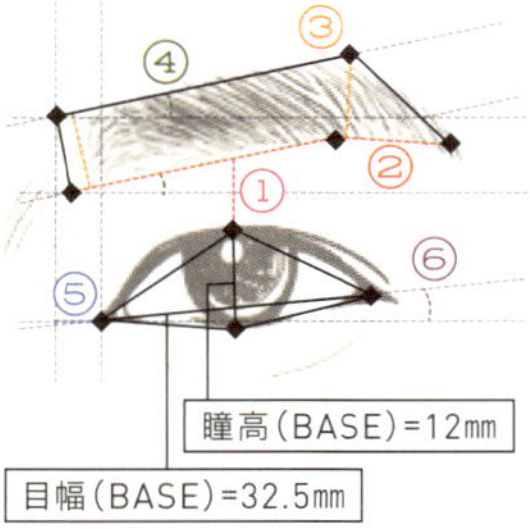

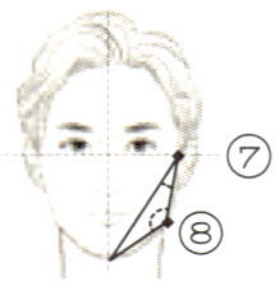

眉デザインの基準と特徴	
目幅(BASE)=32.5mm　瞳高(BASE)=12mm	
①目と眉の距離	9.5mm(瞳高の95%)
②眉毛の長さ(眉下1+2)	やや短い(目幅の147%)
③眉の太さ	最小8.5mm 最大9.5mm(瞳高の81%)
④眉の角度	眉上13°　眉下12.5°
⑤眉毛開始位置:目頭+	5.5mm
眉毛のライン	ソフトL眉
眉毛の濃さ	濃い
眉間の距離	やや近い
眉の輪郭	ややハッキリ
⑥眉の角度	6°
⑦眉の角度	23°
⑧エラ角度	135°

図18

シミ・ニキビ・クマ・青ヒゲに効果的「コンシーラー」

3つめに紹介するのは「コンシーラー」です。コンシーラーは、トラブルのある部分をより高いカバー力で隠してくれる優れものです。BBクリームで全体を整え、さらにコンシーラーでトラブルを補正していくというイメージです。どういったトラブルに使うかと言うと、シミ・ニキビ・クマ・青ヒゲです。

コンシーラーにはさまざまな質感のものがありますが、メンズが使いやすいのは「リキッドコンシーラー」と「スティックコンシーラー」です。図19

リキッドコンシーラーはその名の通り液体状のコンシーラーで、こちらは主にクマと青ヒゲ用に使います。

目の下のクマには3種類あり、現代人に多いのは「青クマ」であることは第3

章で紹介しました。補色の関係から青はオレンジを重ねると色味が打ち消され、青クマを隠せます。また、目の下は運動量が多いうえに皮膚が薄くメイクが崩れやすいので、薄付けで密着度の高いリキッドコンシーラーがベターです。そのため、青クマを隠すには、オレンジベースのリキッドコンシーラーがよいと思います。

さらにこのアイテムは、青ヒゲにも使えます。ヒゲも剃り跡が青いので、打ち

図19

リキッドコンシーラーは、LUNASOL(ルナソル)の「グロウイングトリートメントリクイド」を使用。色は青の補色である「ナチュラルオレンジ」を選びました。

スティックコンシーラーは、「ボーイ ドゥ シャネル コンシーラー」を使っています。固形タイプでカバー力が高いので、ニキビなどに使用しています。

消しにはオレンジのコンシーラーがよく、ヒゲは時間の経過とともに少しずつ伸びてくるので、そのときにヒビ割れしにくいリキッドコンシーラーがよいでしょう。つまり、青クマ用に買ったコンシーラーは青ヒゲにもピッタリなのです。メイクの神様は我々の味方のようですね。

スティックコンシーラーは、リップクリームのような容器に入った硬めのコンシーラーです。リキッドタイプに比べてより高いカバー力があり、ピンポイントで隠せるため、ニキビやシミのカバーに向いています。

ニキビは赤みを帯びているので、ピンクなどの暖色系コンシーラーだと逆に色味を強めてしまう可能性があります。ニキビには、ベージュやオークル系がよく馴染みます。図20

以上2点のコンシーラーを持っていれば、大体の悩みを解決できるのではないでしょうか。コンシーラーに関しては、まだ男性向けの商品は少ないです。とは言え、ポイントで少しだけ使うものなので、女性用でシンプルなデザインのコンシーラーを手に取ってみてはいかがでしょうか。

コンシーラーの使用比較（青クマ）

図20

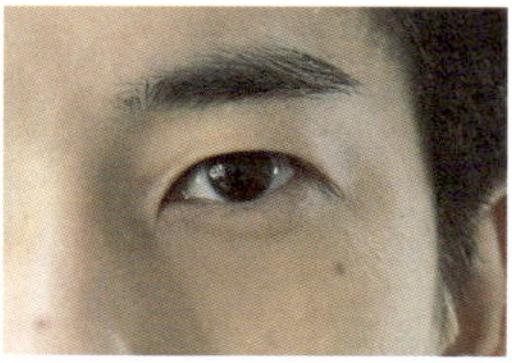

リキッドコンシーラーを塗ることで、青クマが目立たなくなります。

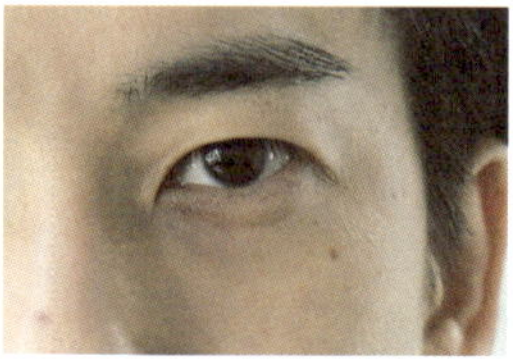

目の下をよく見ると、うっすら青クマができています。

コンシーラーの使用比較（青ヒゲ）

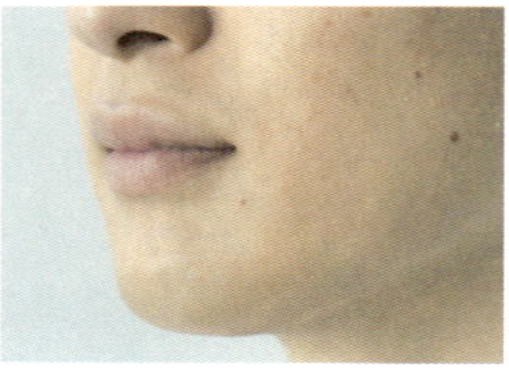

リキッドコンシーラーでオレンジを足すことで、青ヒゲが目立たなくなったのがわかります。

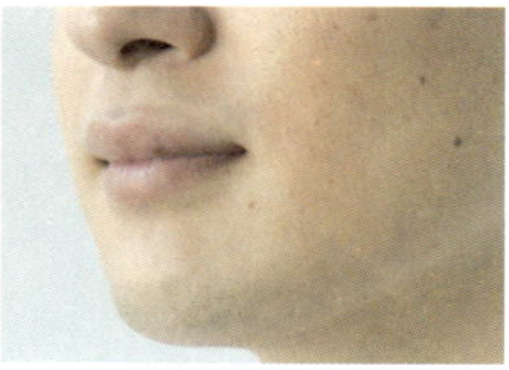

顎にうっすら青ヒゲがあるのがわかります。

コンシーラーの使用比較（ニキビ）

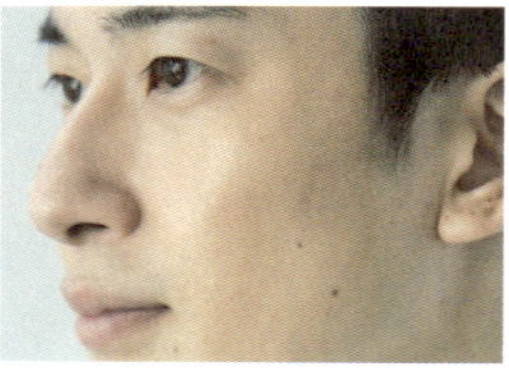

コンシーラーを使うことで、肌色になじみ、ニキビの点が目立たなくなります。

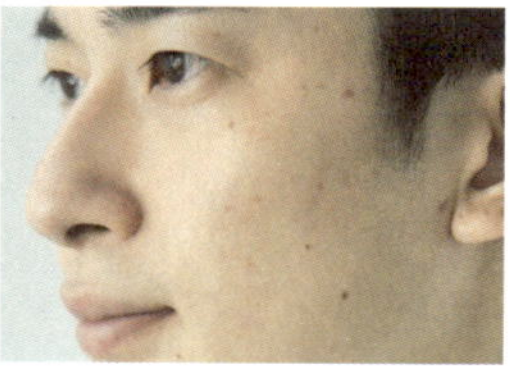

頬のあたりに、数カ所ニキビができているのがわかります。

イケメン風をつくり出す「シェーディング」

肌色を補正するBBクリーム、眉を整えるアイブロウペンシル、ニキビやクマなどを隠すコンシーラー。ここまではメンズメイクでぜひ持っておきたい3つのアイテムをご紹介しました。

この3点があれば、「マイナスを修正する」という部分では満足できると思います。ですが、実はもう1点だけ、男性におすすめのメイクがあります。それは「シェーディング」です。これは影を付けるメイクテクニックで、男性特有の骨を強調して、「セクシーな印象」を手に入れることができます。

以前、同窓会に行ったとき、昔イケメンだった友人の顔を久しぶりに見て、少し違和感を覚えたことがありました。大幅に太ったわけでもなく、老けすぎたわけでもなかったのですが、昔の輝きがない……。飲んでいる横顔を見ていると、気づいたのです。

「あっ、顎がなくなってきているんだ!」

アラサーを超えるとシュッとした横顔を失う人が多く、それゆえ女性は「横顔シュッ」に希少価値を感じます。これをどうにかつくれないかと探っているときにシェーディングに出会いました。

色味や小細工を加えるわけではなく、暗めのローライトパウダーを頬骨に乗せ、影を強調するだけです。長期的にはダイエットなどでつくっていくものですが、明日からの「横顔シュッ」はシェーディングにより可能になるのです。

メンズメイクのメリット・デメリットをシェアしよう

大人男子に必要な「修正する身だしなみメイク」を紹介しましたが、日常に取り入れれば、清潔感が増してよいことばかりだと思っています。しかし、今までの日常と少し変わる部分や、慣れるまで大変だった点もここでシェアさせていただきます。

メリット1：好感度がグッと上がる「脱！疲れ顔」

僕が思っていた以上に、アラサー以降の男性は顔が疲れています。働き盛りであることや、少しずつ老化しているのも原因の1つでしょう。

顔をガラリと変えるのではなく、「本来の元気な自分に戻す」という意味合いでメイクをすると、顔に覇気が出て印象がよくなるのです。スマホのカメラアプリの美肌モードや、フォトショップでレタッチをすると、生まれ変わったかのように元気な姿に写りますよね。クマを消し、ムラのない肌色に整えるだけで、レタッチしたかのように印象を変えることができます。

以前、毎日のように「疲れてますか？」と言われていた僕は、ここ数年、1度も言われたことがありません。自分という商品のパッケージの一部として、きれいにしておくことは売上にも大きく関わります。仕事のためにも、やってよかったなと思っています。

メリット2：鏡を見て「自分を知る」機会が増える

メンズメイクを取り入れることで「見ためPDCA」を回す意識がより高まり、鏡で自分を観察する時間が増えました。それは言わばメンテナンスとしての行為であり、メイクはまた違う角度で「観察の目」を持つことができるのです。

改善すべき部分を「今すぐ変える」のがメンズメイクです。学生時代は「モテるため」に鏡を見るので「ナルシスト」となりますが、大人が鏡で自分を見ることは「自己投資」なので、むしろ鏡を見ずに自分という商品を理解できていないほうがマズいのです。そういった意味で、メイクをして整える時間は観察の絶好のチャンスですし、スキンケアのときよりクマなどのトラブルを凝視するので、改善点を見える化できるはずです。

メリット3：男の「収集癖」をくすぐってくれる

男性は昔から集めることが大好きです。僕も子どもの頃はトミカを150台、学生の頃は遊戯王カードを2000枚、ファッションを気にしてからはメガネを20本と、コレクションが大好きでした。そして、今その対象がメンズコスメになっています。

ずっと「女性はいいな」と憧れていた部分が、コスメの収集ができることでした。なぜなら、高級ブランドが本気でつくったプロダクトを数千円でゲットでき、店頭で店員さんと話しながら購入するという体験も楽しめます。さらに、ショッピングバッグを持ってホクホクした気分で帰路につける……。こんなコスパのよい物欲発散はほかにありますか？　これが男性でもできる時代になったのは本当に素晴らしいことです。

最近のメンズコスメはガジェットのようにカッコよく、店頭を眺める感覚はアップルストアにいるときと変わりません。そして、プロダクトだけでなく、内容も自らの投資にも仕事道具にもなりうる逸品。完璧すぎやしませんか。これが僕がメンズコスメの沼にハマった大きな要因でもあるのです。

国内のブランドでは、FIVEISM（ファイブイズム）のプロダクトが秀逸です。ミニマルなロゴとパッケージ、わざと容器内に重りを入れて重厚感を出すところ、それにキーカラーの青みがかったグレーも男性がグッとくるポイントです。

もはや洗面台のインテリアとしても成立するデザインは、きっと皆さんも沼にハマってしまうでしょう。

メリット4：女性との共通の話題ができる

彼女や奥さんと買い物に行くとき、待たされてイライラしたことはありませんか？

「百貨店に行く」と言われるとギョッとして、なんの興味もない化粧品を目の前に立ち尽くすのみです。待ち時間にイライラしていると、それが相手にも伝わり微妙な空気になって、後味の悪いデートに……。男女の「お出かけあるある」だと思います。以前は僕もそうでした。けれど、メンズメイクを意識してからは180度変わり、むしろコスメ探しデートが楽しくてたまりません。

原宿の「アットコスメトーキョー」というショップでは、スキンケア商品からメイク用品、メンズコスメなどすべてが揃います。僕は仕事帰りに週3回通って人間観察をしていますが、男女で来ているお客さんが非常に多く、男性も「付き合わされている感」がまったくありません。「FIVEISM」や「ALAMIS『LAB SERIES』(アラミス「ラボシリーズ」)」の化粧品、「Maison Margiela (メゾンマルジェラ）」の香水など、男性でも楽しめるアイテムがたくさんあるのです。

コスメという分野を楽しむことができれば、化粧品をシェアしたり、お互いの価値観を話したりと会話の中心になりえます。我が家でもコスメの話は頻繁に出ますし、むしろ男性のほうがロジックに基づいて探究するので、いつの間にか僕が教えるようになってしまいました（笑）。

デメリット1：慣れるまではけっこう面倒

メンズメイクをすると、夜のスキンケアにも1つ要素が加わります。それはクレンジングです。

普段僕たちがしている洗顔料による洗顔は、皮脂や汗、ホコリなどを落とすものです。けれど、メイクは「油性の汚れ」を落とすのが得意なクレンジングを使わなければ落とせません。クレンジングをした後に洗顔をすることをダブル洗顔と言いますが、文字通り時間もダブルになるので、慣れるまでは面倒くさいのは事実です。

しかし、僕の場合は仕事のためにメイクをしているので、落とすのも仕事のうちです。野球をやっていたときに、グローブのメンテナンスを怠るとパフォーマンスが落ちたことを思い出して、毎日クレンジングをしていたら、数カ月でやっと習慣化したという流れです。とは言え、クレンジングはメイクを落とすだけでなく、毛穴に詰まった角栓や黒ずみの汚れも落としてくれます。ですので、メイクをしない男性でも週に数回はクレンジングを取り入れるのは効果的です。

デメリット2：メンズメイクを理解できない人もいる

僕がお伝えしている「修正する身だしなみメイク」は、バレずに肌色補正をするナチュラルなメイクなので、バレることはほぼありません。しかし、メイク行為の時間はあるので、準備段階で人に見られた場合はバレます。彼女や奥様、家族にビックリされることもあるかもしれません。

そんなとき「仕事でもっと元気な姿で営業がしたい！」「清潔感を増したい」など、ポジティブな理由を言って打ち明けると、ほとんどの方は理解してくれると思います。実際、ＳＮＳで発信を続けていると、僕のところへ女性からたくさんの感謝メッセージが来ます。


「旦那に教えたら見違えました！」

「彼の清潔感が増すといいですね！」


スキンケアやメイクをすることで女性が喜ぶケースが多いのです。

皆さんの周りに「男がメイク!?」と否定的に考えている人がいたら、ぜひ理由を説明してあげましょう。古い価値観にこだわっていても置いていかれるだけですから。

以上がメンズメイクのメリット・デメリットでした。僕自身、ここ数年、3点セットをして外に出ることが常識になり、素肌の状態だと「ネクタイが緩んでいる感覚」を持つようになりました。シャキッと引き締まった状態を手に入れるため、身だしなみを整えるメイクを、ぜひ皆さんに体験していただきたいです。図21

ポーチの中身、大公開!

図21

① フェイスパウダー：イニスフリー ノーセバム ミネラルパウダー
② モバイルシート：FIVEISM × THREE パージ パフォーマンス ワイプス
③ BBクリーム：DTRT　GET READY BBクリームナチュラル
④ ハンドウォッシュジェル：バイレード リンスフリーハンドウォッシュ ベチバー
⑤ リキッドコンシーラー：LUNASOL グロウイングトリートメントリクイド 03
⑥ フレグランス：レプリカ レイジーサンデーモーニング
⑦ スティックコンシーラー：ボーイ ドゥ シャネル コンシーラー30
⑧ リップクリーム：ボーイ ドゥ シャネル リップボーム
⑨ アイブロウペンシル：UNO バランスクリエイター
⑩ ブレスケア
⑪ ポーチ：drip × PRAIRIE GINZA × 宮永えいと レザーメイクポーチ

Chapter 5

20代からの「ヘアスタイル」をアップデートせよ

ヘアは男性が最初に取り入れていた美容

男性が美容に触れるきっかけは、中高生のときに出会う「ヘアワックス」ではないでしょうか。

僕が高校生のとき、ギャツビーの「ムービングラバー」という伝説のワックスが発売され、日本中の男性が歓喜しました。それまでは美容室専売の高価なワックスにしか「よいもの」がなかった中、高クオリティをコンビニで安価で手に入れられる画期的アイテムでした。何種類もあるワックスを友達と持ち寄り、休み時間にトイレの鏡の前で交換したり、混ぜたり……。僕の青春の1ページにワックスが必ず刻み込まれています。

ヘアスタイルは僕らにとって一番馴染みのある美容であり、身だしなみの終着点ともなる部分です。

この章では大人になってからのヘアスタイルをもう1度考え、最適なメンテナンスとケア、楽しみ方をお伝えしたいと思います。

実は自分の顔に似合わない髪型なんてない

僕は1年で300日以上、人の髪の毛を切っていますが、「この髪型にしたいけど、僕の顔に似合わないと思うんですよね」というお客様からの意見をよくいただきます。けれど、そのたびにお話しするのが、「自分の顔に似合わない髪型って実はないんですよ」ということです。

美容師のあいだで、大きなヘアコンテストが定期的に行われています。モデルさんは個性的な世界観の衣装に身を包み、美容師はモデルと衣装のバランスを計り、ファッションの「句読点」としてヘアスタイルをつくっていきます。そして、優勝するのはもっとも「人物」が輝いた作品です。

要は、ヘアコンテストでさえ、「ヘア」が主役ではないのです。

美容室で髪型を決めるとき、カットクロスというマントを着用しているので顔だけを見てイメージしてしまいます。ですが、実はトータルの人物像や、ファッションと髪型のマッチングで「似合う・似合わない」が決まるので、「あなたの顔に似合わない髪型などない」ということになります。

ヘアスタイルはファッションの句読点であるため、「あなたのファッション」と「あなたの求めているヘア」の組み合わせが似合わない可能性はもちろんあるのですが、「あなたの顔自体に似合わない」はヘアを数値化してもまずありえません。

20代の頃と同じヘアスタイルになっていないか

20代前半の頃、皆さんは存分にヘアスタイルを楽しんでいたのではないでしょうか。雑誌の切り抜きを美容師さんに見せたり、使うワックスを変えたり、混ぜたりしたと思います。

しかし、社会人になってからは「守る姿勢」になり、20代前半のヘアスタイルのまま「いつも通り」となっている人が多いのではないでしょうか。

先ほど、トータルの人物像にマッチする髪型こそバチッと決まるとお話ししました。20代前半の頃に比べて、大人になった自分の環境や人物像は変わっているでしょうし、変えていくべきだとも考えているので、今こそ新たなヘアスタイルを考える段階なのではないでしょうか。

まずわかりやすいのが、20代前半と比べて着る服が変わったと思います。スーツを着る機会も多くなっているでしょうし、休日もシンプルで上質なファッションにシフトした人も多いでしょう。

そして、見られる対象が友人ベースからお客様や上司ベースになったはずです。友人に「カッコいい」と言われるヘアスタイルと、お客様に「素敵ですね」と言われるヘアスタイルにはもちろん違いがあります。だからこそ20代前半の頃と同じままではなく、今の自分に合った髪型を見つけていく必要があるのです。

最高のヘアスタイルを手に入れる「3ステップ」

自分の人物像に沿ったヘアスタイルを手に入れると、納得感が高いというお話をしました。

では、具体的にどのようにヘアスタイルを探したらよいのでしょうか。ここで解説する3ステップで、自分に似合うヘアスタイルを手に入れてから楽しむまでが可能となります。ぜひ試してみてください。

ステップ1：ロールモデルを設定する

トータルの人物像にヘアスタイルをマッチさせるので、「髪単体」で探そうとするとミスマッチが起こります。そのため、「見せたい印象」や「憧れる雰囲気」から具体的な人物をイメージするのが、自分に似合うヘアスタイルを見つける最短ルートなのです。

僕がお客様に似合う髪型を見つける際、頭の中で行っているチェックシートは次の通りです。

- **職業・年齢・会社での業務内容は何か**
- **どういった人物でありたいか**
- **好きな洋服のブランドやジャンルは何か**
- **これらの要素を踏まえ、具体的に誰が近いのか**

では一つひとつ解説していきましょう。

・職業・年齢・会社での業務内容は何か

自分がどんな環境に置かれているかは、最初に考えるべき部分です。

たとえば、ディオールの店内にユニクロの洋服が置いてあったら違和感がありますよね。逆もまた然《しか》りです。置かれている環境を理解し、「場」とマッチするヘアスタイルにすればカッコよくキマります。

職業や年齢によって、ヘアスタイルの見せ方は大きく変わります。

30代のバンドマンでベースが担当なら、舞台上でミステリアスな雰囲気を醸《かも》し出し、下を向いたときに目が隠れて頬骨を覆うくらいの長さがセクシーです。

20代後半の営業職なら、前髪をジェルで上げて爽やかな印象を与えつつ、内勤のときは前髪をつくり、柔らかな印象で上司からかわいがられる一面があってもよいでしょう。

こういったように、今置かれている環境を考えることからヘアスタイルは始まります。

・どういった人物でありたいか

「場」にマッチすることを前提に、「どういった人物でありたいか」という今後の仮説を立てていくのも、ヘアスタイルをアップデートしていくうえで考えるべき要素です。

「若く見られがちだが、後輩も増えてきたので頼りになる先輩になりたい」「ドライな印象を持たれがちなので、見ためから人間味を出していきたい」など、人それぞれに今後への思いはあると思います。

僕は実年齢より若く見られることが多く、美容師としてはよかったのですが、2020年に起業して経営者の顔も持ったことで、「どういった人物でありたいか」の方向転換がありました。

経営者らしくより大人っぽく見られたかったので、パリッとしたスーツを購入し、分け目をつけたデコ出しスタイルに挑戦しています。

・好きな洋服のブランドやジャンルは何か

「場」にマッチし、今後どのような人物になりたいかを描けたら、今度は自分の好きなブランドや憧れの雰囲気と照らし合わせてみましょう。このとき、理想と現実があまりにもかけ離れていると、よい化学反応は起こせません。

たとえば「商社勤務なので紳士的なスーツスタイルにして圧倒的な信頼感を得たいが、同時にナイキの世界観が好きで憧れる」。もちろん好きなものは自由ですが、これだと求める人物像と好きな世界観が乖離《かいり》しています。目的を1つに絞らなければ、ロールモデルがボヤけてしまうのです。

「商社勤務なので紳士的なスーツスタイルにして圧倒的な信頼感を得たいから、トムブラウンの世界観に憧れる」。こうなると一貫性があり、ブランドの世界観もお借りしてロールモデルを決定できそうですね。

・これらの要素を踏まえ、具体的に誰が近いのか

ここまで来れば、あとは具体的な人物をピックアップして、ヘアスタイルやトータルのコーディネートを真似するだけです。芸能人やインフルエンサー、会社の上司や友人などを客観的に見て、自分の理想に限りなく近い人物を見つけてみてください。

僕はユーチューブで発信を始めるとき、ブルーオーシャン（競争相手のいない未開拓の市場）を探すのに苦労しました。ＳＮＳはすでに多くの人が参入しているので、誰もやっていない領域を探すのはとても難しい状況です。

それは、言い換えれば、ロールモデルにできる人物はどのジャンルでも見つけられるということです。痩せている人・ガタイのいい人、短髪の人・長髪の人、職種や趣味など、自分に似たジャンルのカッコいい人はＳＮＳに必ずいるはずです。ブランド名や職業など、ＳＮＳで検索をかければ具体的な１人を見つけることができるので、ぜひやってみてください。

人物が難しければドラマや映画などの「役」でも大いにありです。映画やドラマでは作品をつくる際、各登場人物に詳細なペルソナ設定がされているので、紐解きやすくもあるからです。

僕も海外ドラマ『SUITS／スーツ』の一流弁護士ハーヴィー・スペクターに憧れて、ヘア・ファッションアイテムを一式揃えたことがあります（笑）。

ステップ2：ヘアスタイルの名前を知る

突然ですが、自分のヘアスタイルの名前はわかりますか？　あまり考えたことはないかもしれませんが、ヘアスタイルには「センターパート」「前下がりのマッシュ」「スキンフェード」などさまざまなジャンルがあり、それぞれに名前があります。名前がわかると、理想のヘアスタイルを言語化できるので美容院でも注文しやすく、より自分好みに楽しむことができます。

ステップ1でロールモデルを見つけたら、実際にそのヘアスタイルの名前を知ることが大切です。ここでヘアスタイルとその名称を紹介しましょう。図22

図22

ナチュラルショート

刈り上げをしない、ナチュラルなショートスタイル。

アップバング

両サイドを程よく刈り上げ、トップの長さはやや残しつつ、7：3で上げます。

スパイラルパーマ

螺旋状のパーマスタイル。無骨で無造作な動きが男らしいです。

ミディアム

ショートとロングの中間。Aラインのシルエットが特徴。

コームオーバー

両サイドを広めに刈り上げ、櫛《くし》でかき上げたようなスタイル。

マッシュ

丸みのある柔らかいフォルム。顔際にもややかかるくらいの前髪。

さて、実際にヘアスタイルの名前がわかったら、今度はより詳細に自分好みのスタイルを見つけていく作業になります。ヘアスタイルを探すうえで、僕がおすすめしているアプリが「Pinterest（ピンタレスト）」です。ピンタレストは、ネットやピンタレスト上にある画像を、自分のボード（アルバム）に集めることができる画像収集サービスです。僕がピンタレストをおすすめする理由は大きく2つあります。

似た画像をAIがリコメンドしてくれる

ピンタレスト上で、具体的なロールモデルの名前や、ヘアスタイル名を検索するとします。たくさんの画像が表示されるのですが、気に入った画像をタップすると、それに似た画像がまた何十枚も表示されます。そこからは枝分かれで延々と似た画像をリコメンドし続けてくれるのです。

「センターパート」という漠然とした理想があるならば、ピンタレストで検索すれば「前下がりのセンターパート」「重めのセンターパート」「無造作なパーマセンターパート」といった具合に、細かいニュアンスの違いを知ることができ、理想のスタイルに行き着くことができるのです。

お気に入りを保存できる

ピンタレストの特徴の1つに、自分のお気に入りの画像をコレクションできることがあります。僕は「したい髪型」のボードをつくり、気になるヘアをひたすら保存して、髪を切るタイミングでその中から選んだり、美容師さんにボードを見せながら相談したりしています。

以前、お客様に「カットの前に写真を毎回見せていたら、こだわりが強いって思いますか？」と聞かれたことがありました。そんなことはありません。漠然と言葉で注文されても僕とお客様とではイメージが違ってしまうことがあります。けれど、ピンタレストで画像を見せてくれると具体化しやすく、お客様のイメージがひと目でわかります。だからこちらからも理想のヘアスタイルを提案しやすいですし、ぜひ活用してほしいアプリです。

ステップ3：自分でスタイリングをする

ステップ1でロールモデルを考え、**ステップ2**では実際にヘアスタルの名前を知り、そこからより詳細なスタイルを探せると思います。あとは実際に美容院へ行き、その画像を見せて切ってもらえばOKです。

ただし、ここで1つ、大きな落とし穴があります。僕は、最高のヘアスタイルを手に入れるうえで、スタイリングの楽しさまで知ってほしいと思っています。いくら腕利きの美容師さんがお気に入りのカットをしてくれたとしても、次の日から自分でそのヘアスタイルを再現できなければ楽しさは半減します。

そのときはユーチューブがあなたの助けになってくれます。

ユーチューブの検索窓に自分のヘアスタイル名を打ち込むと、たくさんの美容師さんや同じ髪型を経験した人のセルフスタイリング術が載っています（ここでもヘアスタイル名を知っていることが活きてきます）。日本語でうまくヒットしなければ、英語に変換して海外のコンテンツを見るのも効果的です。

前髪を下ろしたり上げたり、ヘアアイロンをしたりとアレンジを楽しんでこそ、ヘアスタイルです。ここまでできたら、あなたのヘアスタイル迷子は解消されているでしょう。

大人男子におすすめのヘアスタイル4選

さて、ここからは大人男子におすすめのヘアスタイルと、そのヘアに似合う世界観や職業などを紹介してきます。

前下がり・ナチュラルセンターパート

「IT業界に勤めていて、シンプル・ミニマルな服装が好き。インテリかつセクシーさがほしい」図23

センターパートのスタイルは大人の男性におすすめの定番スタイルです。前髪の長さがあるため、上げても高さや毛流れが利いてカッコいいです。カッコいいセンターパートのオーダーポイントはこちらです。

- **襟足は6㎜からのグラデーションで刈り上げ**
- **耳周りはちょうど出るか1㎝ほど被る程度に**
- **サイドは1㎝前下がり**
- **サイドのカットラインはナチュラルにボカす**
- **前髪は頬骨横くらいの長さに**

ツーブロック・前上がりベリーショート

「商社に勤めていて、営業で爽やかな印象を与えたい。スポーティでカジュアルな服装が好き」 図24

両サイドと襟足を刈り上げて、ジェルで前髪を上げるベリーショートスタイルは爽やかさナンバーワンのスタイルです。
オーダーのポイントは次の通り。

・襟足は6㎜からのグラデーションで刈り上げ
・襟足の刈り上げにつなげて、サイドも6㎜でツーブロック
・トップは6㎝前後で設定

図23

前下がり・
ナチュラルセンターパート

図24

ツーブロック・
前上がりベリーショート

- **サイドは3㎝前上がり**
- **前髪は眉毛の上に設定、顔際なし**

ナチュラルマッシュ

「旅行代理店の営業職。爽やかではあるものの、ナチュラルで柔らかさのある印象にしたい。ワックスであまり動かしすぎないように」図25

バリカンを使わない刈り上げは、ツーブロックのような色の差をつけないため、柔らかい印象が出せます。スタイリングもナチュラルにしたいのであれば、トップの長さを残したマッシュスタイルが相性がよいでしょう。

ではオーダーのポイントです。

- **サイド、バックは甘めのハサミ刈り上げ**
- **サイドは平行または1㎝前上がり**

・前髪は流して眉毛上くらい

バーバー風フェードスタイル

「外資系証券マンで、身体も日々鍛え、スーツもバッチリ。たくましさと信頼感のある印象を与えたい」図26

図25

ナチュラルマッシュ

図26

バーバー風
フェードスタイル

パリッとしたフェードの刈り上げに、分け目をしっかりつけてポマードでセット。男らしさと無骨さを兼ね備えたバーバースタイルです。

オーダーのポイントは次の通り。

- **0㎜からのフェードの刈り上げスタイル**
- **6㎜の部分につなげる**
- **トップは6㎝ほど残して毛流れをつくる**
- **目尻の上から分け目をしっかりつけて櫛でとかす**

ビジネスマンは全員、前髪を上げるべき

日本のみならず、世界のトップ経営者の写真を見ると、かなりの確率で前髪を

上げています。前髪を上げることでビジネス的なメリットも大きいので、「ビジネスマンは全員前髪を上げるべき」とさえ思っています。

僕のお客様で弁護士の方がいらっしゃいます。彼は大学生の頃から来店されていて、当時から「前髪上げてみませんか？」と提案していましたが、「恥ずかしいから」と断り続けていました。

学生から弁護士になって数週間、「前髪を上げるカットをしてほしい」と来店され、ジェルで前髪を上げるセットをしました。すると途端に男らしさと頼り甲斐が増し、そのせいか、今では一流の弁護士として活躍しています。以来、「前髪を上げないと気合いが入らないし、お客様に会えないよ」と、髪型が仕事道具の一部になったようでした。

前髪を上げるというのは、相手からの印象も変わることに加え、自らの気合いスイッチにもなりうるスタイリングというわけです。

前髪を上げることで与える印象は次の3つが考えられます。

①眉毛が見えてキリッとした印象を与えられる

これは眉毛を整えていることが前提になりますが、前髪を下げていると見えないからこそ、見えたときは大きな武器になります。シュッと整えた眉毛は好印象と清潔感を与える大事なポイントです。第一印象における目元の割合は約3割ですから、印象アップを図るなら眉毛という武器を使わない手はありません。

②目に光が入りやすい

前髪を上げていると瞳に光が差し、明るい印象をつくることができます。光の入った瞳は、そうでないときと比べパッチリと元気な印象を与えるので、この状況をつくれるとよいでしょう。

③明るい部分の面積が増える

前髪を下げたときと比べ、髪の毛で覆う黒い面積が減るので、これだけで単純に顔が明るくなります。眉毛を隠す前髪のマッシュヘアは暗い印象になりますが、独特の雰囲気は出ます。オシャレに狙いがあって取り入れるにはよいですが、ビジネスには向いていません。

以上の3点から、明るい印象を与えやすいのが前髪を上げるスタイルです。

一方で、前髪を下げると若く、柔らかい印象になります。今、流行りのマッシュスタイルは、もともと女性用ショートスタイルの応用なので、フェミニンさを売りにしたスタイルです。そのため、オシャレな服との相性もよいですし、独特の雰囲気も出ます。

前髪を下げたスタイルがスーツに合うかと言われると、そうではありません。ビシッと締まりのあるスーツスタイルにリンクするのは、同じく締まりのあるヘアスタイルです。襟足を短く切る、前髪を上げるのをおすすめしています。

ちなみに前項で挙げた「大人男子におすすめのヘアスタイル」はすべてオン・オフが利き、上げてもカッコよく、休日は下ろして私服を楽しめるヘアスタイルとなっています。

クーポンで美容室に行くのはおすすめしない

現在では「自分に最適な美容師さんに出会う方法」は増えてきていますが、それを知らない人がほとんどだと思います。

皆さんが今の美容室に行くきっかけは何でしたか？　クーポンサイトやチラシ、立看板を見て何となく……などでしょうか。

僕は10年間美容師をしていて、「この方は僕が切るべきじゃないかもなぁ」と思うことがあります。そのほとんどは、クーポンを使って来店された「本気で美容室を探していない人」の髪を切ったときです。もちろん、ミスはしないし、ちゃんと切ってはいるのですが、１２０点満点というわけにはいかない。どうしてもそんな反応になってしまうのです。

そもそも日本には25万軒の美容室と、53万人の美容師が存在します（厚生労働省「衛生行政報告」２０１９年3月時点の数値）。その中で、店側の「何となくの集客」とお客様側の「何となくの店選び」で奇跡的なマッチングができる可能性はほとんどないのではないでしょうか。明らかな失敗ではないのにクレームやお直しになるのは、美容師とお客様のミスマッチによって起きてしまっている問題です。

同じく、明らかに失敗はしていないのに「また行きたい！」とならないのは、美容師とお客様のミスマッチです。世の中の「出会い」の多くがマッチングシステムになっている昨今なのに、美容室との出会いはどうもうまくいっていない気がしてなりません。毎月通うなら年間12回も会う美容師さん、どうせなら最高のマッチングをさせてみませんか？

女性のおすすめ美容師は女性にしかマッチしない

「何となく」な美容室選びのナンバーワンは「奥様や彼女の紹介で同じ担当者を指名する」ことです。現在それで満足している方は問題ないのですが、しっくりきていない方は、今すぐ選び直しましょう。

女性である奥様や彼女さんの信頼できる美容師さんは、女性が得意な美容師さんではないでしょうか？　「自分以外、確かに女性の髪を切っているところしか見たことないな」というケースは、実はかなり多いです。

第2章でお話しした通り、「自分の意思で買っていないもの」がチラ見えすると違和感を生むことがあります。髪の毛ならなおさらです。「奥様目線でよいカット」は、メリハリを求める男性にとっては「最高」ではない可能性があるのです。ほかの美容師さんを見なければ「何となくOKラインだから」となりますが、よそを見て、もっと納得がいきそうな世界があれば飛び込んでほしいと思います。

これは「今の会社は何となくしっくりきていないけど、転職する勇気もない」という現象に似ています。その後に1回納得いく転職をしたら、「あの悩んでいた時間はもったいなかったな!」と思うはずです。切ってもらった髪の毛を見て、1度「本当にこれが最高なのか?」と自問自答してみてください。

自分だけの最適な美容室を見つける方法

とは言え、ご存じの通り、ほとんどの美容室はもともと女性のためにつくられた施設です。あまり知られていませんが、最近まで美容室で男性が「カットのみ」の施術を受けるのも、厚生労働省が定めるルールで禁止されていたほどです。国家試験のカットは明らかに女性向けのカット技法ですし、男性のカットは教育カリキュラムに含まれていないという店さえあります。53万人の美容師のうち、「得意なスタイル」を女性のヘアに設定している人が圧倒的に多い中、我々男性はどのように最高の美容室を選べばよいのでしょうか？

SNSが普及して、ここ数年は美容師がSNSを使って情報発信しています。クーポンサイトやホームページでも、自分の得意なスタイルを掲載して集客をするわけですが、近頃は「特化型ブランディング」が主流です。

「何でもおまかせのオールラウンド美容師」より、「僕はこのスタイルばかり切っています！　むしろこれしか切れません！」という売り方のほうがわかりやすく、ウケるのです。そのため、「メンズカットが得意です！」とブランディングをしている美容師さんはどの地域にも必ず1人はいます。

そういった方は、独自にメンズカットを練習したり、メンズカットの経験値が高く、細かいニュアンスが伝わりやすいことが多いはずです。

ぜひ、美容室検索サイトで「メンズが得意な美容師限定」で検索をかけてみてください。その人のブログやSNS、スタイル写真などでお気に入りのものがあれば、その美容師さんにカットしてもらうのが一番です。

知って得する「オーダー時のチェックポイント」

美容室でオーダーをするとき、多くの方は「暑いから短めで」「今日は少し長めで」など抽象的な注文をすると思います。けれど、「短い」「長い」などは人によってイメージが異なり、終わった後で「イメージと違っていた……」という事態になりかねません。やはり、事前にお客様と美容師のイメージをしっかり共有しておくことがマッチングにとって大切になってきます。

ここでは美容室でオーダーする際に気をつけておきたいポイントを4つ紹介します。

①刈り上げの有無とミリ数

「短くしてください」と言って、皆さんはどういう髪型を想像しますか？　襟足・もみ上げを刈り上げたパリッとしたスタイルを想像する人もいれば、刈り上げはしていないが全体的にさっぱりしたスタイルを想像する人もいるでしょう。

同じ言葉でも、お互いの脳内に描いている「短い」をシェアできていないとズレが生じます。でき上がってからでは時すでに遅し。「あっ、いい感じです……」と言いつつ、内心では納得せずに帰路につくでしょう。

刈り上げについては本当に人それぞれの考え方があると感じます。気をつけるべきポイントは大きく2つあります。

1つは襟足ともみ上げを刈り上げるか、刈り上げないかです。メンズのショートスタイルで、ここは絶対に自分の意見を伝えましょう。

もみ上げに関しては「刈り上げない」「甘めに刈り上げ（隠しツーブロック）」「刈り上げ」の3パターンがあり、印象は上から「ナチュラル」「スッキリ」「メリハリ」

です。

特に「刈り上げたくないのに刈り上げられた……」が一番つらいので、ナチュラルスタイルが好きな人こそ伝えておくべきでしょう。図27

2つめは、刈り上げをするならどのくらいのミリ数にするかです。

図27

ナチュラル

地肌は見えない程度のナチュラルなハサミ刈り上げ。隠しツーブロックとも言い、サイドのボリュームは抑えたいが、刈り上げまではしたくない人向け。

スッキリ

地肌はやや見える程度の6～9㎜の刈り上げ。ナチュラルにツーブロックを楽しみたい方や、清潔感を出したい方向け。

メリハリ

地肌がしっかり見える。3㎜以下の刈り上げ。すっきりしたい方や、スポーティな雰囲気が好きな方向け。

「刈り上げてください」と伝えると容赦なく「3㎜以下のゴリゴリの刈り上げ」をする美容師さんもいます。刈り上げの定義は、客層や好みで大きく変わってくるということを頭に入れておきましょう。

定番は「3㎜」「6㎜」「9㎜」で、上から「やや青い」「しっかり刈り上げ」「ナチュラル刈り上げ」です。

刈り上げをしたいけれど「地肌が見えるのはちょっと……」という方は、9㎜からスタートしてもらうように伝えると失敗がないと思います。

②顔際の有無

短髪の方は気にする必要はありませんが、マッシュスタイルやミディアムスタイルの方は「顔際の毛束の有無」を事前に伝えたほうがよいです。図28

顔際とはいわゆる頬骨あたりにつくる「触覚」のことで、これがあることで小顔効果もあり、安心感が増す方も多いのではないでしょうか。ビジネス時はマッシュでも「ジェル上げ推奨」ですが、オフの日を楽しむためにはこだわりたいポイントの1つです。何も言わないとバツッと切り落とされて「顔が出すぎて嫌だ！」となりかねないので、残しておきたい方はカウンセリングのときに伝えておきましょう。

③普段使うワックス・髪をどう動かしたいか

「美容室に行くたびに新しいワックスを買っている気がする……」なんてことは

図28

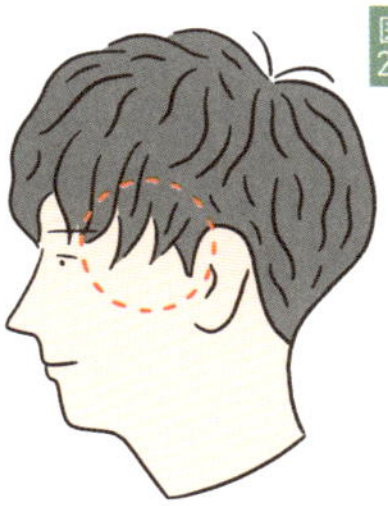

顔際の毛束の有無

ありませんか？　髪型には「毛束で動かすスタイル」や「毛流れで緩やかなスタイル」などさまざまな形があり、それぞれに適したワックスも違います。誰しも「自分が扱いやすいワックス」を持っていると思いますので、「普段こういうワックスを使っています」と伝えると、美容師的にもライフスタイルを想像しやすいです。

たとえば、「ナカノスタイリングワックス7」を使っていたら「この人はクシャッと動かしたいんだな」と思いますし、オーガニックバームを使っていたら「ナチュラルなニュアンスセットが好きなんだな」と思います。あとはそれに合わせた髪型の提案ができるので、ミスマッチが減るのです。

「美容室に行く前は迷惑だからセットして行かないほうがよい」という話をよく聞きます。けれど、どうせシャンプーもしますし、セットした髪型を見てその人の好みやスタイリングの癖を発見できるので、セットして来店するお客様を大いに歓迎したいです。

④梳き具合のチェック

ツーブロックと同じくらい、人によって見解の差が出るのが「毛量調整」です。要はどのくらい梳《す》くかということ。僕が美容師になって、一番苦労したのは間違いなくここです。10年の経験を積んでわかったことは、『軽い』の定義は人それぞれ違いすぎる」ということです。

たとえば、月に1回いらっしゃるベリーショートの男性。正直そんなに梳く部分はないのですが、3㎜の刈り上げが伸びるスピードがとても速い。この方は襟足ともみ上げを刈り上げた瞬間に「うわ〜、めっちゃ軽くなった」とおっしゃいます。量は梳いていません。伸び切っている刈り上げが重苦しいだけであって、物理的な量が減ることに対しての「軽い」ではないのです。

一方、3カ月に1回いらっしゃるマッシュヘアの男性。根元付近から梳きバサミを入れて「これでもか！」というくらい梳いても、「もう少し減らせますか？軽くしたいです」とおっしゃいます。彼の場合は、体重が減るくらい実質的な「量」

を減らしたい方だったのです。

皆さんの「軽い」の定義はどういったものでしょうか？　量なのか、イメージなのか、気持ち的な問題なのか。そこをハッキリさせて美容師さんに事前に伝えること。そして、切り終わってワックスを付ける前に「1回触ってもいいですか？」と手櫛を通して「毛量チェック」を行うのがおすすめです。ワックスを付けてからだと非常に梳きづらいので、その前に声をかけてみてくださいね。

髪の毛は「乾かしてから寝る」が当たり前

ここからは髪の毛のケアについて紹介したいと思います。皆さんは、寝る前に髪の毛を乾かしていますか？　髪の毛を乾かしてから寝ると、実はよいことがたくさんあります。

まず、頭皮の臭いが軽減します。

髪の毛が濡れた状態のまま放置する自然乾燥がよくないというのは聞いたことがありますが、なぜなのでしょうか。濡れた状態、かつ、お風呂で温まった後の頭皮は雑菌にとって嬉しい環境です。洗い残したシャンプーなどを餌に繁殖していきます。さらに枕などにもホコリや雑菌が潜んでいる可能性があるので、髪が湿っていると付着しやすいのです。こういった雑菌が臭いの原因の1つでもあり、抜け毛などの原因にもなりうるので気をつけましょう。

また、寝癖を最小限に抑えることもできます。寝癖は水素結合によって起こります。濡れていると髪内部の結合が解け、形がつきやすい状態になっています。そして枕などで押さえつけられ、あらぬ方向に曲がったまま髪の毛は乾いていきます。乾くときに再び結合は元に戻るので、そこで形状記憶されるというカラクリです。よって、髪の毛が濡れていると水素結合が起こりやすく、寝相との共同作業により、朝起きると前衛的なアートができ上がってしまうのです。髪の毛を乾かせば、寝癖も以前よりましになるでしょう。

乾かして寝ることは髪にも優しいです。髪の毛の表面にはキューティクルという鱗《うろこ》状の部分があります。ここは外部の刺激から髪内部を守る働きがあるのですが、髪の毛のツヤにも大きく関わる部分です。

シャンプーのコマーシャルなどでよく目にするこの物体は、濡れているときには鱗がプカプカと浮いて剝がれやすくなるのです。そのため、乾かさずに寝ると枕などの摩擦でダメージの原因にもなってしまうというわけです。

美容師だけが知っているシャンプーの鉄則

髪を乾かして寝ることのメリットを紹介しましたが、それと同じくらい、適切なシャンプーを毎日行うことが大切です。意外と知らないシャンプーの鉄則をチェックしながら、皆さんのバスタイムに活かしていただきたいと思います。ここではシャンプーで大切な3つのフローを紹介します。

①予洗いこそシャンプーの醍醐味

シャンプーを使って洗浄する前、サッと髪を濡らすだけで終わらせていませんか？　実はシャンプーの入り口でもある「お湯で流す時間」はとても重要なのです。

スキンケアの項目で、朝の洗顔はぬるま湯で十分だというお話をしました。それと同様に、人肌程度の温度のお湯だけでもホコリを落としたり、皮脂を浮かすことはできるので、実は6〜7割くらいはお湯のみの流しできれいになるのです。

これをすることによって、シャンプー剤の量は最小限になり刺激も少なくすることができます。

まずはお湯で髪の毛を流し、頭皮を優しく動かしながら汚れを浮かしていきましょう。

②少量のシャンプーでしっかり泡立てる

皆さんは普段、どのくらいシャンプーを使っていますか？

男性のショートヘアの方の場合、ワンプッシュで十分なケースが多いです。さらに、泡立ちが悪い場合、お湯を少し加えるだけで泡が立ちやすくなります。なるべくシャンプー剤は少なめでトライしてみてください。そして、予洗いのときと同様に、頭皮を優しく動かしながら汚れを落としていきましょう。

もしワックスがたくさん付いている場合は、1回めに髪の毛の中間から毛先にシャンプーを付け、ワックスを馴染ませて落とします。このときは頭皮は洗いません。1度軽く流してから、今度は頭皮中心に洗い流しをしていきましょう。ワックスを落とすために2回シャンプーをする際、どちらも頭皮を洗ってしまうと皮脂を取りすぎて、頭皮の乾燥の原因になってしまう恐れがあります。

③流し残しがないようにすすぐ

流した後にシャンプーが残ってしまうと、刺激になって炎症を起こしたり、残ったシャンプーを餌に雑菌が繁殖し、臭いの原因にもなります。耳の後ろや襟足など、毛量が多い部分は入念にすすぎを行いましょう。

このようなシャンプーの仕方を行い、その後ヘアケア剤や頭皮ケア剤を塗布して、しっかりと乾かして寝ることが鉄則となります。

臭いや薄毛など、何かと心配事が多い髪の毛も、準備と対策をして向き合っていきましょう。

ヘアスタイルを意識すれば人生は変わる

さて、この章の最後に僕がお伝えしたいことは、「ヘアスタイルを意識すれば人生が変わる」ということです。これは僕が美容師を志したきっかけになった考え方であり、美容師1年目のキラキラしていた頃の発言ではなく、10年経った今でも本気でそう信じています。

「お客様をガラリと変えるきっかけをつくれたら、ずっとリピートしてもらえる」という美容師界のジンクスがあります。実際に、明確にきっかけをつくれた自負があるお客様は今でも頻繁に来てくださいますし、信頼も厚いです。

自分の性格や体つきを変えるのは難しいですが、髪型を整えることはそう難しいことではありません。そして、髪型を変えるだけで自分の気持ちが変わるだけでなく、周囲の反応も自ずとポジティブになってきます。その反応でまた自分のやる気に火がつくわけです。

実際には髪型を意識している人はどのくらいいるでしょうか。髪型という道具を使えば簡単に印象を操作できたり、気分を変えたりできる、言わば神的な部分です。ぜひメンテナンスとスタイリングを楽しんでいただきたいと思います。

Chapter 6

清潔感が高まる「ファッション」の選び方

ファッションは「人のため80%、自分のため20%」

ファッションについての解釈は人それぞれだと思います。あなたにとってファッションは「自分のため」ですか？　それとも「人のため」ですか？

僕は中学生の頃からファッションが好きになり、掲示板でコーディネートを毎日さらし、雑誌の読者モデルを経て原宿の美容師となり、30歳で経営者となりました。それぞれの年代や立場によって、面白いほどファッションの捉え方が違い、それぞれに楽しさがあったと思います。

では「大人になってからのファッション」は、どういった役割を果たすべきなのでしょうか。

結論から言うと、僕は「コーディネートの80%を人のために」捧げ、印象をコントロールできる「身だしなみツール」だと考えています。

ファッションで伝えたいことは年齢で変わる

では中学生から現在まで、僕が感じた「ファッションで伝えたいこと」をまとめてみます。自己開示ですが、この経験を踏まえて今の僕の考えがあるので、順にご覧ください。

①中学から高校生前半【強要期：自分のため100％】

ファッション雑誌の編集者である母の影響で、小さな頃から洋服の楽しさは感じていました。中学1年生の頃には、自分だけのファッションを考え、「俺はこういう人間だ」と主張をしていたのを覚えています。さらに、インターネット掲示板の「ピーコスレ」と出会ったことで服好きは加速し、コーディネートに独自性を持つことを楽しみ始めます。何より、「オシャレだね」と言われることが最大の喜びであり、もはや麻薬のようにその言葉に取り憑《つ》かれていました。

高校生になってアルバイトを始めると、週5勤務でヘトヘトになるまで働き、「すべてのバイト代で服を買う」という服オタクと化します。

大変な労働の対価として服があるので、「自分が納得する服」を「自分が納得するようにコーディネート」しないと気が済みませんでした。今から考えると、「世界観の強要」に近く、電車や街で「おい、俺のオシャレなコーディネートを見ろ！　ホラ！」と言わんばかりの格好・思考だったと思います。このときは「自分のため」が100％でした。

②高校生後半から美容学生【共有・共感期：人のため60％、自分のため40％】

毎週のように原宿をプラプラしていた僕は、街角スナップに声を掛けていただけるようになりました。2000年代の読者モデルブームにうまく乗ることができ、ひょんなことから『チョキチョキ』（内外出版社）という雑誌の専属読者モデルになります。ここで、ファッションの捉え方がガラリと変わったのです。

「世界観の強要」をしていた僕は、読者の存在を意識して、「世界観の共有」をするようになりました。

撮影前には自前の服を引っ張り出して、紙とペンを持って、「共感を得られるコーディネート」を真剣に考えていました。相手が思うオシャレ（人のため）60%に、自分の思うオシャレ（自分のため）を40%混ぜて服を楽しんでいたので、読者さんからの反応もよく、共感されることの楽しさを知りました。

③美容師時代【人のため100%】

読者モデル期間を終え、美容師として原宿のお店で働くことになった僕は、ファッションで伝えたいことが1つ加わりました。それは「安心感」です。

原宿で美容師をし始めたのは20歳の頃ですが、自分の二回り年上の方や、経営者の方など、今まで出会ったことのない方と多くコミュニケーションをとることになりました。さらに1年目から社長のアシスタントに抜擢《ばってき》されたため、「かわいい新人の20歳」では許されない立場となります。原宿の美容室はカット料金も高いですし、お客様も期待値が高い状態で来店されるので、20歳の僕にも「プロの佇まい」が求められたのです。それは表情や所作、声のトーンなどさまざまなところに宿りますが、その中でも強化したのがファッションです。

「この子にシャンプーをまかせても大丈夫」という安心感を与えるファッションを心がけるようになったのです。

このときから、「自己表現ツール」だったファッションが、「大人として必要なビジネスツール」であることを深く理解しました。このときは自我を捨て、「人のため」が100%となり、ほしい服という概念を消していました。今思うと、そんな基準で選んだ服を着ることは楽しくなかったですし、「好きな装いをして自分のご機嫌取りをする」という旨味《うまみ》を捨てていたので、精神的にもよいバランスではなかったと思います。

④ アラサー・経営者【人のため80%、自分のため20%】

美容師の傍ら、現在では自分の会社を経営し、いろいろな方と打ち合わせや商談をする立場となりました。そして今の僕が心がけていることは、面白いほど①〜③を織り交ぜたファッションなのです。

1人の大人として清潔感と安心感③を第一優先とし、共感を得られるオシャレさやこなれ感②を取り入れます。ただ、これだけでは多くの人と変わりませんから、若かりし頃にしていた「キャラ強め」の要素①をスパイスにして、覚えてもらえるアイコニックな部分も取り入れるとカリスマ性も増します。

これが僕の思う「人のため80%、自分のため20%」のファッションです。すると、見ためで圧倒的に勝てるのです。それは人からの評価もそうですが、自分の内面から来る自信と自己肯定感もあるでしょう。

「見ため」で勝つためのファッションの鉄則

ファッションの捉え方の遍歴を述べてきましたが、「人のため80%、自分のため20％」を意識すれば、圧倒的に見ためで勝つことができます。僕が見ためで勝つうえで、ルーティンや仕組み化したことを鉄則としてまとめました。いずれにせよ、コーディネートや買う服に関して正解はありません。人それぞれの価値観で、あなたが関わる人や環境を中心に考えるべきだと思っています。ですから、僕のファッション観ではなく、あくまで誰もが真似できる仕組みをお伝えします。

①自分だけのベストサイズを知る

僕は身長166㎝のガリガリ体型で、ファッションに興味を持ち始めたときからコンプレックスの塊でした。特に中学生のときは130㎝台だったため、GAPキッズ以外に合う服などありません。

そんな過去から、サイズ感に関しては非常に敏感です。そして、サイズ選びの大切さを誰よりも実感してきました。私服にしてもスーツにしても、サイズが合っていないだけで印象が下がります。特に自分のサイズより大きいものを着たダボダボの状態はだらしなく、「不潔感」につながるので注意しましょう。

これは単に自分よりサイズが大きかったためだけでなく、「楽だから」という単純な理由でコンセプトもなくダボダボにしているのも好ましくありません。サイズが大きいとシワも寄りやすく、よいことは1つもありませんよね。

オーダーものを漁る

既製品で完璧なサイズを得られる人は少ないはずです。それぞれの身長、体重、筋肉量などはすべて異なりますので、自分に合ったサイズ選びをすることがファッションの第一前提です。

既製品ではどうしてもサイズに納得できない僕は、オーダーというオーダーを漁《あさ》りました。特にオーダースーツやオーダーシャツは絶対に手に入れてほしいアイテムの1つです。オーダーというと高いイメージを持たれる方が多いと思いますが、思ったより安価で手を出しやすい時代になっています。むしろブランド名で価格を引き上げることが少ないので、安いケースも多いのです。オーダースーツは3万円台から、オーダーシャツは1万円以内で手に入ることが多いです。

三越伊勢丹が行う「Hi TAILOR（ハイ・テーラー）」というサービスでは、来店せず自宅にいながらスマホで写真を撮るだけで、AIが採寸をしてくれます。すると数週間でオリジナルのシャツやスーツが自宅に届きます。

「ザ・スーツカンパニー」や「洋服の青山」内にある「Quality Order SHITATE（クオリティー オーダー シタテ）」というサービスでは、仕事用のスーツはもちろん、私服で着るセットアップも200以上の素材の中からオーダーできます。こちらもブランドもののセットアップを買うより安いですし、何より自分だけの設計でつくられているのが嬉しいので、数着所有しています。図29

自分だけのブランドで固定する

とは言え、既製品でカッコいいデザインを見つけたり、ブランドの魅力を感じたりすることもあるでしょう。けれど、高価なブランドから手に入れやすいブランドまで、それぞれサイズ展開やつくりがまるで違うので困ってしまいます。

図29

オーダースーツ

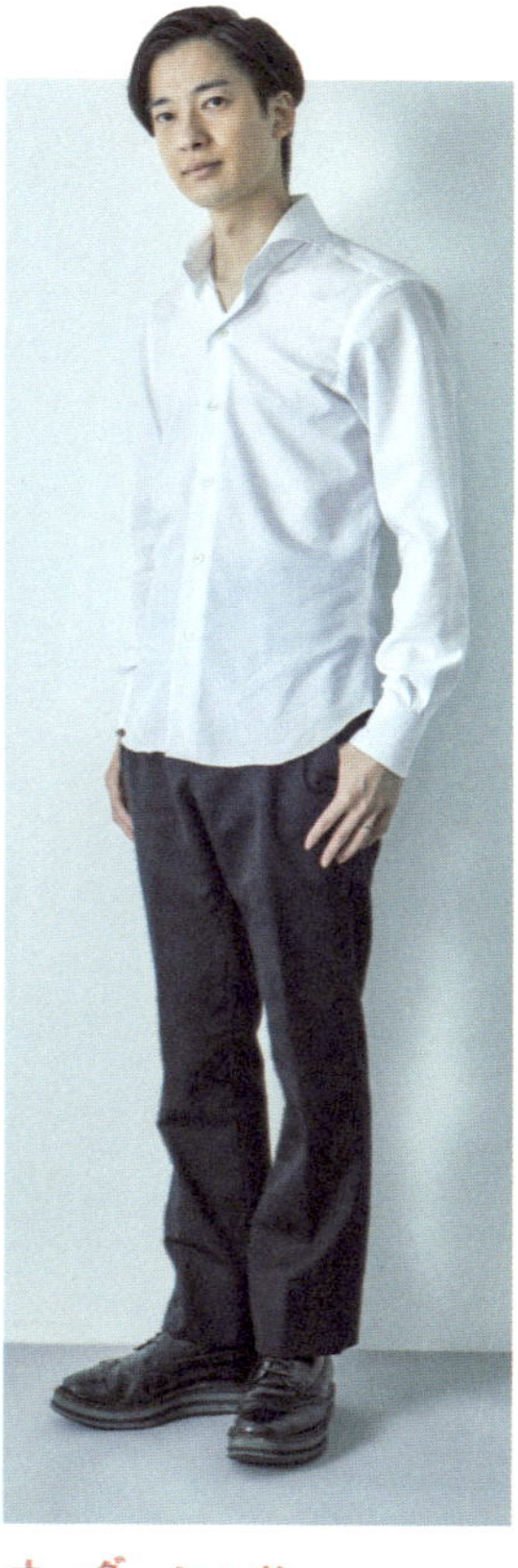

オーダーシャツ

たとえば、海外ブランドのSサイズと、日本ブランドのSサイズだと、前者のほうが大きくつくられているケースが多いです。究極を言うと、同じブランドの同じサイズでさえ、服の種類によって肩幅や着丈に差が生じます。

そういったカラクリを知ってから、僕は血眼《ちまなこ》で「自分に合うブランド」を探しました。百貨店からショッピングモール、アウトレットなど、なるべく多くのブランドを体験できる場に足を運び、〝運命〟を求めて探し回ったのです。それをすることで、僕は安価・中価・高価の価格別で数種類、「自分だけのブランド」を見つけることができました。

買い物をするとき、手持ちの服との合わせ方や価格、着ていく場の想像など、考えることが山積みで大変ですよね。そんなとき、信頼できるブランドでサイズのことを深く考えずに済むと、買い物もよりいっそううまくなります。

そして、ブランドのサイズ感を知っていると通販が楽です。家庭ができたり、仕事が忙しいと、服を買いに行く時間は優先順位が低いですよね。そのあきらめが清潔感を失うキッカケでもあり、オジさん化が進む入り口でもあるので、安心してポチポチできるのはよいことです。ですが安心感からポチポチしすぎて、カードの請求書をそっと破った僕の経験談もここに置いておきます……。

②勝負アイテムと安価アイテムを使い分ける

ファッションにおいては、組み合わせや着丈、色味などさまざまなバランスがありますが、価格バランスも重要な要素の1つだと考えています。

昔から街の人々を観察していて「オシャレだな」と目に留まる人は、極端さがないのです。全身が高級ブランド固めだと胡散臭《うさんくさ》くなり、全身がチープ・シックだとオーラがない。ブランド物と安価なものをよいバランスで取り入れ、こなれ感を演出しているとき、「さすがです」と拍手をしたくなります。

基準は人それぞれだと思いますが、おすすめしたいのは「長持ち品を勝負アイテム、消耗品を安価アイテム」で固定することです。たとえば、とある日のコーディネートはこうです。

・シャツ　：フレッドペリー【中価格帯：約1万5000円】
・Tシャツ：ヘインズパックT【安価：約1000円】
・デニム　：アーペーセー【中価格帯：約1万5000円】
・靴　　　：プラダ【勝負：約10万円】
・靴下　　：ユニクロ【安価：約500円】 図30

シンプルなコーディネートながらも、こなれ感と清潔感が出るコーディネートです。ここに隠されているのが、価格のバランス感なのです。メガネや靴など、そう簡単に買い替えない・他のコーディネートでも映えるアイテムは勝負としてお金をかけます。ふとしたときに「それ、何のブランド？」と聞かれそうなアイテムでもありますし、同じ人と複数回会っても「毎回同じものを着てるな」と思われないのでお金をかけても納得できます。

勝負アイテムのよさは「自信」です。僕は「強くなれる服」と言っていて、なぜかそのブランドを着ていると背筋が伸びて、自己肯定感が上がるのです。

図30

フレッドペリー【約1万5000円】
ヘインズパックT【約1000円】
アーペーセー【約1万5000円】
ユニクロ（靴下）【約500円】
プラダ【約10万円】

価格やブランド価値の基準は人それぞれなので、グッとくる「勝負ブランド」を決めておくのもよいです。僕の場合は「プラダ」が勝負ブランドで、他のブランドは歴史を遡ったり、こだわりを学んだりしようとしませんが、「プラダ」だけは徹底的に調べています。そんなブランドが1つや2つあると、自分のモチベーション管理（ご機嫌取り）もしやすいです。

逆に洗濯する回数が多かったり、ヨレると不潔になったりするアイテムは安価でシンプルなものを定期購入します。ヘインズなどのパックTシャツは3枚で2500円ほど。常にきれいなTシャツを着ていると清潔感は格段にアップします。

こういったところで「長く着すぎない仕組み」をつくるのも身だしなみの第一歩です。大人になると大幅に太ったりしない限り、同じ服をずっと着てしまいますよね。若いときのようにトレンドど真ん中の服も買わないですし、毎日着るわけではないので、気づけば5年、10年と着ている……なんてこともあります。

革製品などの育てる系のアイテムならわかりますが、Tシャツやシャツなどは定期的に購入し直すべきだと考えます。そんなアイテムこそ、安価で購入しやすいものを定期的に仕入れるほうがお財布にも優しく、無駄な思考もせずに済むのでおすすめです。僕は毎夏、パックTシャツを2セット買って、前期のものはお掃除用に変身させています。

③ラフすぎない・カジュアルすぎない

大人になってからラフすぎる格好をすると、しっくりこないという漠然とした悩みがありました。30歳を超えてから感じ始め、周りを見渡しても「ラフすぎると清潔感に欠ける」という印象を持っていました。ファッションにおいて「ハズシ」という言葉は皆さん聞いたことがあると思います。ジャケットスタイルにあえてカジュアルなデニムを合わせたり、モノトーンコーデにあえて赤い靴下などの差し色を入れるなど、全体のバランスを極端にしすぎないように、ポイントで「ハズす」テクニックのことです。この「ハズシ」ですが、ほとんどの方が「衣服のみ」のバランス内で考えているようです。

僕は美容師という職業柄、衣服に加えてヘアや顔を含めたトータルバランスで見ることが多いのですが、30代以降の男性では首から上に「ハズシ」要素が隠れていたことがわかり、「ラフすぎるとしっくりこない」という悩みが解決しました。10代や20代の頃、顔の輪郭はシュッとして、肌もハリがあり、ヒゲも薄くて髪の毛も元気でした。この状態はどう考えても「カッチリ」な要素を含みます。

大人になってもこの状態を保っている方はいるとは思いますが、そう簡単に年齢には逆らえないので、多くの人は顔の輪郭が丸まり、肌のハリがなくなり、ヒゲも濃くなっているでしょう。若いときより「カッチリ」した顔や髪でなくなってきているということは、トータルファッションで言えば、以前より「ハズシ」要素が増えたということです。だからこそ、「大人が着るスーツはこなれ感があってカッコいい」ですし、「大人がラフすぎる服を着るとキマらない」のではないかと考えます。そう考えた結果、大人男子のファッションは「カッチリ」要素を散りばめていくのが清潔感を得る最適解です。

推奨するアイテムは「テーラードジャケット」「無地シャツ」「黒い細身のパンツ」。

そして、ラフ&カッチリな「クルーネックの無地Tシャツ」です。図31

④自分だけのスタイリストを見つける

ロボットでもできる仕事が増え、人間の仕事が淘汰《とうた》されていく時代ですが、今でこそ人間が行う仕事のメリットを無料で得られる要素があります。それは「自分だけのスタイリストをつけられる」ということです。

ファッション販売のインターネット化が進み、アパレル店員の必要性を考える機会が増えていると聞きます。これは美容師も同じなのですが、「では、人間が提供できる価値とは？」ということをあらためて考えている店員さんが多いのです。そこには間違いなく「体験の価値」があります。これを無料で受けられることのメリットに、今だからこそ気づいてほしいのです。

コーディネートについて意見を聞いたり、似合う似合わないをジャッジしてくれたり、持ち服との相性を考えてくれたりと、アパレル店員さんとのコミュニケーションは間違いなく身だしなみをアップデートさせてくれるでしょう。「どこで買うか」よりも「誰から買うか」を意識して買い物をすると、ファッションがさらに楽しくなるはずです。

日本人は「店員さんに話しかけられるのが苦手」という人が多いですが、おそらく「目的なく店に入っているから」なのです。目的のない買い物やウィンドーショッピングはネットで十分できるはずですから、その後で「自分だけのスタイリスト」である店員さんに相談に行けばよいのではないでしょうか。セレクトショップの「ＳＴＵＤＩＯＵＳ（ステュディオス）」の店員さんは、気さくに相談に乗ってくれる方が多いので、困ったら頼りにすることが多いです。

⑤ロールモデルを設定する

こちらは第５章でもお話ししたので、詳しくはそちらをご覧いただければと思います。何もわからない状態からオリジナルの「０→１」を生み出すより、誰か

図31

テーラードジャケット

無地シャツ

クルーネックの無地Tシャツ

黒い細身のパンツ

のよい部分を真似して、1歩ずつ成長していくほうがよっぽど簡単です。
「誰になりたいか」という目標設定をしてコーディネートをしていきましょう。

「白シャツ」を着るだけで清潔感がアップする

洋服で自分を装うというのは、言い換えれば「なったフリができる」特殊能力があるということです。

本書のテーマでもある「清潔感のある人になる」ために取り入れられる簡単な方法があります。それは「白シャツを着る」ということです。美容師をしているとカラー剤などで服が汚れてしまう場面が多く、黒を着る方が多いです。しかし、所作の美しさと丁寧さ、落ち着きを演出するために、あえて白シャツを着るというのが、清潔感を保つために一番よい修業の仕方でした。汚れないように、普段気にしていなかった姿勢や手さばきを改善しようとするからです。

これは美容師に限った話ではなく、白シャツを着て生活をすると、食事をするときや外出先で椅子に座るとき、用を足すときなどにいつも以上に繊細な動きを意識するようになります。最初は正直なところキツいのですが、慣れる頃には本物の「清潔感を持つ人」になることができるでしょう。

手軽にキッチリ感を演出できる「タックイン」

てっとり早くキッチリ感を出す方法に「タックイン」があります。タックインとはトップスの裾をズボンにしまうことで、これをするだけで印象がガラリと変わってしまう魔法の技です。

たとえばシャツ。タックアウトしているとゆるっとカジュアルな印象になりますが、インしてみると同じ服でも締まった印象になり、足長効果も狙えます。シャツの他にも、Tシャツやポロシャツなど、できればモノトーンやドレスライクな服にタックインをすると、大人の清潔感をつくることができるでしょう。

コンプレックスはファッションでカバーできる

スラッとしたモデル体型はどんな洋服でも似合い、羨《うらや》ましく思ったことがある人が多いと思います。僕は身長が166㎝なので、ずっとモデルさんの足の長さに憧れを抱いていました。

けれど最近、「身長が盛れる靴」しか買わないルールを決めた途端、コンプレックスをカバーでき、自分の身長が気にならなくなりました。最近のシークレットソールはクッション性がよく足も疲れにくいですし、中には6㎝も盛れるドレスシューズのブランドもあります。どれも研究されており「バレにくく、自然に盛れる」ので大変助かっています。

足を長く見せたいときは、6㎝アップのシューズに黒いスキニーで締め、タックインして足長効果を利かせれば、何も考えずにコーディネートを組むより大幅にメリットが大きいです。

どんなお気に入りバッグでも長年は使わない

さて、自分が選んだ素敵な服と、「これだ！」とキマったコーディネート。ここに合わせるバッグは何でしょうか？　僕も含め「男性あるある」かと思いますが、1つのバッグを長年使っているケースをよく見かけます。

もう生地がクタッとしてしまっているリュックや、革の端がボロボロになっているトートバッグ。何年分の汗が染み込んでいるんだろうと思わせるほど色褪《いろあ》せたものなどなど。

僕も数年前までリュックは1つだけで、3年も4年も使い倒していた身でした。リュックの底からは謎の一円玉やホコリ、「こんなところに！」というスマホ用のコードなどが出てきて、「バッグは入れ替えと買い替えを定期的に行うべきなんだ」と悟りました。

革製品の場合はオイルなどを塗って、劣化ではなく経年変化させていく。クタッとしがちなリュックは2年に1回は買い替えて、常に清潔なものを持つ習慣をつけましょう。

洗濯で知っておきたいメンテナンスのいろは

ここからは、洋服のメンテナンスについてお話ししていきます。服を買うとき、「この服とどう付き合っていくのか」をしっかり考えて購入するのも大切な要素の1つです。車を買うときには、本体の価格だけでなく、駐車場代や車検など、維持費も考えてから所有を決断すると思います。洋服に関しても、維持費やメンテナンスする時間をかけてでもほしいと思ったものだけを購入すると、無駄な買い物が減るでしょう。

メンテナンス1：知っておくべき洗濯表示

店頭で洋服を購入するときは、皆さん、必ず価格のタグを確認すると思います。それと同時に、洗濯表示を確認する癖をつけていただきたいのです。

タグは大まかに3種類あり、「洗濯記号」「繊維の組成表示」「付記用語」です。

そもそも水洗いができないアイテムは、クリーニング屋さんに持っていくほかありません。ウールやレーヨン、革などがそうです。それには相応のお金がかかるので、言わば車検と同じ感覚ですね。

洗濯のことなど何も考えずに過ごしていた一人暮らし時代、コインランドリーでメゾンマルジェラのニットを洗い、縮みすぎてキッズサイズになってしまったことがありました。貯金をして購入した勝負服が、1回の洗濯で飾り物になってしまったのです。洗濯物を手に取ったときのショックを思い出すだけで、今でもキリッと胃が痛みます……。図32

メンテナンス2：手洗いは優しく、擦るのは厳禁

洗濯記号により「手洗い」と指定されているものは、もちろん手洗いをします。最近の洗濯機は「手洗いコース」というのがあり、水流や脱水を弱めにしてくれるのですが、あまり推奨はしません。なぜなら、大切な服の手洗いは洗濯機による摩擦でさえ避けるべきだと考えているからです。

洗剤は「おしゃれ着用」の中性洗剤を使い、ウールのセーターなどは優しく押し洗いを20回ほどし、シワになりやすいシャツなどは振り洗いをして、すすぎます。脱水はネットに入れて洗濯機の脱水を数十秒ほどするとよいでしょう。とにかく擦らず、柔らかく。「泡を転がす洗顔法」のような感覚で繊細な作業をしましょう。手洗いする服は毎日大量にあるわけではないので、週末の晴れた日に丁寧に行うと気分もよいです。

メンテナンス3：プロ（クリーニング）にまかせるもの

冬が終わって、ゴロゴロと大きなコートやダウンは「しまう前にクリーニングに出そう」となりますが、そもそもクリーニングに出すべきものって何なのでしょうか？　ここで1度、整理をしてみたいと思います。

・水洗いできないもの

家で洗濯できるものは当然、水で洗えるものです。「水洗い×」マークが付い

洗濯記号の主な例

洗濯処理の記号

液温は95度まで、洗濯機で通常の洗濯ができる。

タンブル乾燥処理の記号

洗濯後、タンブル乾燥処理（ドラム式洗濯乾燥機での乾燥）ができる。上限温度は80度まで。

自然乾燥の記号

日陰での濡れ平干し乾燥がよい。

図32

ているものや、「水洗い×」かつ、「F」「P」マーク（クリーニングの溶剤を指定するマーク）が付いているものはクリーニング店に持っていきましょう。

・高価な服

この判断は皆さん自身におまかせしますが、僕はTシャツでも、ブランド物で大切に着たいものはクリーニング店に持っていきます。長持ちさせたいものはプロにまかせるのが吉です。

・ウール・シルク・カシミア・レーヨンなど

クリーニング店に持っていくべき素材はさまざまで、これらはドライクリーニングにかけます。ですが、ドライクリーニングは皮脂汚れや油ジミなどには強いものの、汗などの水溶性の汚れは落ちず、黄ばむ可能性もあります。汗の汚れは水で落ちるため、ドライクリーニングは不向きなのです。ドライ指定の服は汗が染み込まない工夫をして着用したり、汗をかかない状況や季節に着用することをおすすめします。

清潔感を保つ「洗わないメンテナンス」

きれいに保つために何でも洗えばよいというわけではありません。洗濯するたびに洋服の寿命は短くなるのですから、そう簡単に洗えないものや、洗うべきでないものは、洗わないメンテナンスで清潔に保ちましょう。

・メンテナンス1：陰干しをする

なかなか洗えないコートやセーターは、家に帰ったら陰干しをしましょう。風通しのよい屋内もしくは屋外で、ハンガーにかけて干していきます。1日着用した服は湿気を含んでいるので、それを飛ばしつつ、消臭してからクローゼットにしまうのがいいですね。デリケートな服は、直射日光に当てると日に焼けて変色してしまったり、生地を傷めてしまう可能性があるので注意しましょう。

・メンテナンス2：ブラッシングをする

ジャケットやコートを着た後にブラッシングをすることも非常に重要です。1日で付着したホコリや花粉などを落とし、大切な服に汚れを残さないことで、生地の劣化を防げるのです。

最初に生地の目と逆にブラシを通し、ホコリなどを取り除きます。次に、生地の目に沿って毛並みを整えます。そうすることで、毛の流れが均一になり、光沢が出て風合いもよくなるのです。使用するブラシは静電気が起きやすい化学繊維ではなく、天然繊維のものを選ぶとよいです。

・メンテナンス3：スチームを当てる

スチームアイロンなどの蒸気を当てることで、消臭するのも効果的です。スチームアイロンは服のシワを伸ばすために購入すると思いますが、コートやジャケットについた飲食店やタバコの臭いも、スチームを当てることで軽減されます。

大きく3つのメンテナンス法を紹介しましたが、そのほかにも日々のちょっとした気遣いが服を長持ちさせてくれます。服を脱ぎっぱなしにしていると、ホコリを絡め取って傷む原因になります。靴べらを使わずに革靴を履くと、かかとだけ徐々に傷みます。

細かく挙げるとキリがないのですが、とにかく「気遣いをして大切に付き合う」というのが一番大切です。愛を持って服を着ましょう。

着回しコーデ4スタイル

本書で取り上げた清潔感のあるアイテムをベースに、どこでも使える大人男子の着回しテクニックを４つご紹介します。

Style 1

トップス：ユニクロ
パンツ：アー・ペー・セー
靴：プラダ

カジュアルすぎず上品すぎないバランス感

高価格帯のプラダ×中価格帯のアー・ペー・セー×低価格帯のユニクロの組み合わせ。固めのリジットデニムは、清潔感を出しつつ、ややカジュアル要素のあるアイテム。トップスをラフな格好にすると全体がカジュアルすぎてしまうため、タイトなタートルネックを選び、タックインすることで上品さをプラスしました。大人男子が目指すところは、カジュアル×上品さのちょうどよいバランスです。

シャツ：エイチ・アンド・エム
パンツ：ユニクロ
靴：プラダ

Style 2

シャツはカッチリしすぎない着こなしを狙う

１枚は持っておいて損しないのがブルーのシャツで、清潔感だけでなく、爽やかさも演出できます。痩せ型の体型のため、シャツ、パンツともにスリムフィットなものを選んでドレス感を出しつつ、シャツをアウトしたり、スキニーパンツにデニム素材のものを選んだりと、カッチリしすぎないようバランスを意識。シャツもパンツも低価格帯のものをチョイスしましたが、このように、シンプルで大人らしくコーディネートすることができます。

ジャケット：ヘルムート・ラング
トップス：ユニクロ
パンツ：エイチ・アンド・エム
靴：アデロ

Style 3

全身を黒で統一させてスタイルアップ

トップスから靴までを黒に統一することにより縦感を強調して、スタイルアップを図ったコーデです。トップスのデニムは得てしてカジュアル感があるのですが、モードな雰囲気に合わせることで、統一した黒の中に、ちょっとした遊び心をプラスしてくれます。ちなみにこの靴はアデロというメーカーのもので、ヒールアップシューズになっているので、身長が低く盛りたい人にはうってつけのアイテムです。

スーツ：ザ・スーツカンパニー
Tシャツ：ヘインズ
靴：プラダ

Style 4

オーダーもののセットアップを活かしたコーデ

オーダーもののセットアップを使ったシンプルなコーデ。セットアップの独特な色味を主役にするため、Tシャツや靴下、ベルトまでを黒で統一してスッキリと引き立て役に回しました。こうしたセットアップを1つ持っていると、仕事で外出するとき、あるいはプライベートで大切な用事があるときなどに便利です。また、ヘインズのクルーネックTシャツは、セットアップのインナーにも使えるので、何かと役に立ちます。

おわりに

最後までお読みいただき、ありがとうございました。

ほとんどの方は、見ために何かしらのコンプレックスを抱えていると思います。きっとあなたも、何か変えたいと思って本書を手に取ってくださったのでしょう。

冒頭でお話しした通り、僕ももとは人に見られるのが大嫌いな、コンプレックスの塊でした。でも、そのコンプレックスがあったからこそ、今の自分がいると感じています。

　見ためPDCAを回すようになってから自分への理解がグッと深まり、逆算をすることで「こうなりたい」という目標に1歩ずつ近づける感覚がありました。そのとき、何か引っかかりがあるほうがやりがいと探究心を持てるのです。その引っかかりこそ、コンプレックスです。

　コンプレックスを見て見ぬふりするのはもったいない。向き合えば向き合うほど、二人三脚でよい付き合い方ができるはずです。平坦な道より険しい道のほうが、その分努力が報われます。

僕が本書でお伝えしている「見ためをよくする」ということは、なにも顔や身長、もともと持っている要素を変えることではありません。スキンケアからファッションまでテクニカルはいかようにもなります。そのために自分と向き合い、自分を知り、どれくらい実行に移せるか。

やるか、やらないか。それだけで人生は大きく変わるでしょう。まず、あなたからあなたに向けて、自己開示をしてみましょう。

本を閉じたら、きっと真っ先に鏡を見てくださるであろう皆さん。これからも清潔感を磨くお手伝いをさせてくださいね。さらに詳細で具体的な情報は今後、ユーチューブのコンテンツでも日々解説していきます。

大人男子の身だしなみを、さらにアップデートしていきましょう。

宮永えいと

宮永 えいと（みやなが・えいと）
フリーランス美容師。都内有名ヘアサロン勤務を経て独立。ゴウトゥデイシェアサロン（GO TODAY SHAiRE SALON）でサロンワークをこなす傍ら、「大人男子の身だしなみ」をテーマにYouTubeで発信。2020年、株式会社CiiKを立ち上げ、身だしなみをアップデートするメンズコスメブランドを展開。オンラインサロンO2C主宰。

大人男子《おとなだんし》の「超《ちょう》」清潔感《せいけつかん》ハック

2020年12月10日　初版発行

著者／宮永《みやなが》 えいと

発行者／青柳 昌行

発行／株式会社KADOKAWA
〒102-8177　東京都千代田区富士見2-13-3
電話 0570-002-301(ナビダイヤル)

印刷所／大日本印刷株式会社

DTP／有限会社エヴリ・シンク

ISBN 978-4-04-604905-6　C0077